Cita en la cima

RAIMON SAMSÓ
Autor de *El Maestro de las cometas*

Cita en la cima

El método de los deseos cumplidos

EDICIONES OBELISCO

Si este libro le ha interesado y desea que le mantengamos informado de nuestras publicaciones, escríbanos indicándonos qué temas son de su interés (Astrología, Autoayuda, Ciencias Ocultas, Artes Marciales, Naturismo, Espiritualidad, Tradición...) y gustosamente le complaceremos.

Puede consultar nuestro catálogo en www.edicionesobelisco.com

Colección Nueva Consciencia
CITA EN LA CIMA
Raimon Samsó

1.ª edición: octubre de 2007
7.ª edición: febrero de 2017

Maquetación: *Margarita Benavides*
Corrección: *Elisenda Terré*
Diseño de cubierta: *Enrique Iborra*

Edita: Ediciones Obelisco, S. L.
Collita, 23-25. Pol. Ind. Molí de la Bastida
08191 Rubí - Barcelona - España
Tel. 93 309 85 25 - Fax 93 309 85 23
E-mail: info@edicionesobelisco.com

ISBN: 978-84-9777-406-2
Depósito Legal: B-3.524-2012

Printed in Spain

Impreso en España en los talleres gráficos de Romanyà/Valls S. A.
Verdaguer, 1 - 08786 Capellades (Barcelona)

A todos aquellos que creyeron
en sí mismos y en su sueño,
por mostrarnos cómo hacer
visible lo invisible.

Este libro es un tributo a esas personas ordinarias con una mente y un corazón extraordinarios.

Si uno avanza confiado en la dirección
de sus sueños y acomete la vida que se ha
imaginado para sí, hallará un éxito
inesperado en cualquier momento.

Henry David Thoreau «Walden»

Introducción

«Aprendió a volar y no se arrepintió del precio que había pagado. Juan Salvador Gaviota descubrió que el aburrimiento y el miedo y la ira, son las razones por las que la vida de una gaviota es tan corta.»

Richard Bach en *Juan Salvador Gaviota*

Éste es un libro de sueños, no de ensoñaciones. Lo redacté con el propósito de ayudarte a liberar tu potencial. Su objetivo es conducirte a alcanzar la expresión más elevada de ti. Es la clase de libro que puede cambiar una vida y, desde luego, el que habría deseado leer cuando yo transformé la mía. Un libro es un libro, pero tiene el poder de guiarte a realizar un cambio de vida.

Yo hice realidad mi mayor sueño: ser escritor.

Todos los libros de superación personal deberían ayudar a responder dos grandes preguntas: ¿Quién eres? y ¿Qué quieres? La mayoría de las personas nunca se las formulan a lo largo de su vida –al menos, de un modo serio–, a pesar de que los contestadores de millones de teléfonos repiten esas dos preguntas una y otra vez.

Este libro –el séptimo que publico– forma parte de mi sueño y va a acompañarte en el tuyo; no desarrollando tu capacidad de soñar, pues con ella naciste, sino revelándote *El método de los deseos cumplidos.*®

Comprender y aplicar el método que se describe en este libro está al alcance de cualquier persona. Sé que las ideas y principios que contiene funcionan porque lo he experimentado por mí mismo. Es un material sencillo, basado en verdades intemporales, que fue aprendido y explicado por hombres de éxito antes que yo. Este libro es un homenaje a los pioneros del éxito personal y del máximo rendimiento.

El texto incorpora algunas enseñanzas de *El Maestro de las Cometas* (Ediciones Obelisco) ampliadas y aplicadas a la consecución de objetivos. Su lectura te introducirá en la efectiva tecnología de éxito personal: el *coaching*. Trabajar con preguntas es lo más revelador que nunca he experimentado y el método de mayor valor para los clientes y participantes en mis seminarios.

A diario, oriento a personas que desean conseguir su gran sueño. Y como *coach* sé que la mitad del trabajo consiste en especificar con precisión un objetivo. Durante la lectura de este libro, juntos estableceremos la dirección. La velocidad es cosa tuya.

Tras la publicación de *El Maestro de las Cometas,* muchos lectores me escribieron para agradecerme la inspiración que recibieron de él. Miles de personas han leído mis anteriores libros y, a la vista de los e-mails que recibo, deduzco que han creado un impacto positivo en ellas. De manera invariable, me cuentan cómo consiguieron una visión más clara de sus propósitos. Los lectores y asistentes a mis seminarios también suelen escribirme para compartir un nuevo significado en sus vidas; y, al desplegarlo, alcanzaron una satisfacción nunca antes conocida.

Con la lectura de aquel libro y de éste, te darás perfecta cuenta de que ambas visiones se complementan: acción interior y acción exterior. Aplicar sus principios liberará el ilimitado potencial que bendice tus sueños. Funcionó para mí y sin duda lo hará también para ti. Sólo deberás cumplir un requisito: para alcanzar tu cima sagrada deberás pasar por el puro centro de ti mismo.

Te propongo una *Cita en la cima*®, no para alimentar el ego y sus pesadillas codiciosas, sino para manifestar los deseos de tu corazón. Este libro no es para saber *qué hacer* para convertir los deseos en realidad, sino para descubrir *quién ser*. Como sé que el aprendizaje se basa en la repetición, he insistido en un claro mensaje a lo largo del libro: lo importante no es el resultado de hacer realidad un sueño, sino el proceso de convertirte en la persona que puede manifestarlo.

Desconozco qué es lo que deseas conseguir en tu vida, pero sí sé que anhelas una vida cien por cien satisfactoria y sé que posees el poder sin límites que la creará. ¿Quieres crear un nuevo proyecto profesional?, ¿aumentar tus ingresos?, ¿más tiempo para ti?, ¿atraer una relación de pareja satisfactoria?, ¿alcanzar la independencia financiera?, ¿lograr un estado interior de paz y bienestar?, ¿mejorar tu salud y nivel de energía? ¿O tal vez desearías crear un estilo de vida de calidad? Si respondiste afirmativamente alguna de las preguntas, sin duda esta lectura te será de gran utilidad.

Si pudiste soñarlo, entonces tienes el poder de hacerlo real. Calificar los sueños del corazón como un imposible constituye una severa falta de amor hacia sí mismo, en particular, y hacia la vida, en general. Sin duda, lo que elige el corazón debería mostrarse al mundo, y no guardarse, porque lo que allí es concebido tiene el valor de lo hermoso.

He comprobado que las personas que no logran sus sueños piensan de un modo radicalmente diferente de las que sí los consiguen. Sus dificultades no se hallan en el mundo sino en los patrones mentales que manejan. Este libro está escrito para que puedas reproducir patrones de pensamiento enfocados al logro. No es un método fácil como a los que, por desgracia, estamos tan acostumbrarnos en el supermercado editorial del «materialismo espiritual». Pero es un método efectivo.

Llevo más de veinte años leyendo a los mejores autores de desarrollo personal y profesional. Y en consecuencia, he recibido la lúcida influencia de muchas más personas de las que puedo mencionar en esta introducción. Sí, deseo mencionar a sir John Whitmore por su modelo GROW y a Thomas Leonard, el padre del *coaching* moderno. Ambos lúcidos pioneros, cuyas enseñanzas se reflejan en lo que he aprendido. Para mí es un privilegio que mi mente haya «entrado en contacto» con tantas mentes brillantes, aunque sólo sea a través de la lectura de sus obras. Con mi profundo agradecimiento, les considero mis amigos del alma para toda la vida.

Si estás listo, toma aire, estás a punto de entrar en contacto con el material que te conducirá a hollar tu cima. Puedo asegurarte que el libro que sostienes entre tus manos tiene el poder de conducirte allí. Y como sé que detrás de un sueño siempre hay otro sueño –y es compartirlo–, ofrecerte este libro forma parte del sueño de escribirlo.

Raimon Samsó
Productor de Sueños

Cómo usar este libro

«Sólo pretendo aprender qué puedo hacer en el aire y qué no. Nada más. Sólo deseo saberlo.»

Richard Bach en *Juan Salvador Gaviota*

Algunos libros se escriben con muy buenas intenciones pero con escasos resultados en la vida práctica. Por lo general, contienen ideas valiosas. Pero lo que no hacen es proporcionar una metodología aplicable a la vida cotidiana.

El libro que sostienes en tus manos es una excepción: contiene un método pragmático de la máxima eficacia. Es un libro para aplicar y practicar, no para filosofar. Adicionalmente, en mi sitio Web: www.raimonsamso.com encontrarás recursos para que los descargues desde internet a tu ordenador.

He incluido en el inicio de este trabajo el testimonio personal de mi propio proceso, el cual empezó a gestarse hace unos veinte años y a materializarse en los diez últimos. Es un capítulo muy personal. Nunca antes lo había contado, pero éste es el momento perfecto y el libro adecuado para hacerlo.

En la cabecera de cada capítulo encontrarás un breve fragmento del libro *Juan Salvador Gaviota*, de Richard Bach. No sólo es uno de mis autores preferidos, sino que además en ese libro, que descubrí con apenas trece años, conecta con el Juan Salvador que todos llevamos en nuestro interior y con la voluntad de descubrir nuestro más elevado propósito en la vida.

Un día, no recuerdo cuándo, soñé con ser escritor, formador y consultor. Lo hice realidad. Desde entonces, los hechos han superado con creces mis mejores expectativas. Nunca imaginé tanta felicidad como consecuencia de mi clara determinación. Mi testimonio no hace más que confirmar una verdad perenne:

Todos podemos conseguir aquello
que nos sentimos llamados a realizar.

Aprender *El método de los deseos cumplidos*® requiere seis días, para manifestar tu sueño, no obstante, deberás plegarte a su propio ritmo de crecimiento orgánico.

Te propongo leer un capítulo por día. De este modo, dispondrás de tiempo para realizar las tareas que te propondré y de meditar las preguntas que encontrarás al final de cada capítulo. Ésta es la parte práctica del libro.

El primer día aprenderás a reconocer el caos aparente que precede un nuevo orden. La insatisfacción te revela que has estado persiguiendo metas que te importan poco.

En el segundo día vas a preguntarle a tu corazón cuál es su mayor sueño. Y vas a tomar una decisión sobre la que construir una vida inspirada por él. En este capítulo decidirás *qué* es lo que quieres. También te mostraré cómo tomar decisiones bendecidas.

El tercer día aprenderás a superar tus limitaciones. A cuestionar tus miedos. En este capítulo elevarás tu sueño a su máxima expresión y romperás tu techo de cristal.

El cuarto día lo dedicarás a darle un nuevo significado a los errores y a las dificultades. Aprenderás a dejar atrás los problemas, no resolviéndolos, sino retirando tu fe en ellos. En esta jornada identificarás las causas que ahora te detienen.

En el quinto día tu tarea principal consistirá en diseñar «El Plan de Manifestación» y concretar todo el trabajo anterior enfocándote a la acción. Establecerás *qué* podrías hacer para que se cumpla tu deseo.

El sexto día decidirás qué harás y cuándo. Aprenderás a generar tus recuerdos del futuro, a usar la imaginación como una herramienta creativa y a pasar a la acción inmediata.

Considera este libro como un manual de trabajo: subráyalo para, en una segunda lectura, tomar notas. Voy a pedirte que no leas este libro, mejor estúdialo. Te recomiendo dos lecturas: la primera para hacerte una idea del alcance de su contenido; y la segunda, para aplicarlo. De este modo, recibirás todo su impacto.

Utilizo las palabras «deseo» y «sueño» para referirme a una intención del alma; y «meta» y «objetivo» a sus equivalentes en el plano material. Y a la suma de todo ello, «misión». Cuando es imaginada, «visión»; cuando es plasmada por escrito, «plan de manifestación». Muchas palabras para resumir un único fin: ser feliz y ayudar a los demás a conseguir su visión.

El modo de usar este libro es releerlo, hablar de él, llevarlo contigo a todas partes, tenerlo a mano. Cuanto más lo uses, más utilizarás sus principios. Cuanto más los apliques, más cosas extraordinarias sucederán.

Te sugiero también que organices un grupo de estudio de este libro con tus amistades más comprometidas en crear su vida. Si no puedes organizar un grupo de estudio, adicionalmente diseñé un seminario intensivo llamado «Cita en la cima»® para las personas que quieren aprender a pensar y a comportarse como personas de éxito, en un entorno de aprendizaje entusiasta.

Mi testimonio: yo lo hice real

«¿Quién es más responsable que una gaviota que encuentra y persigue un significado, un fin más alto para la vida?»

Richard Bach en *Juan Salvador Gaviota*

El final de un ciclo

Una mañana los ojos se me llenaron de lágrimas.

Apenas podía seguir conduciendo de camino a mi despacho en una importante entidad financiera. Como por aquel entonces todo en mi vida era «perfecto», o así lo creía yo al menos, carecía de motivos para sentirme decaído. No le concedí importancia. Pero al día siguiente ocurrió lo mismo. Y al otro también.

Mi trabajo llenaba mi cartera a final de mes, pero día a día vaciaba mi alma. Cada semana me preguntaba cómo aguantaría cinco días más. El precio que pagaba por mantener un trabajo seguro era muy alto. Finalmente, una mañana escuché mi voz interior preguntarme: *«¿Por qué vas allí una vez más?», «¿por qué te haces esto?»*. No sonó a reproche, todo lo contrario: amor y compasión. Por eso sé que mi alma habló.

Estas dos preguntas iban a cambiar mi vida para siempre y me conducirían a la aventura interior de encontrarme con mi destino. Pero yo aún no lo sabía. En lo más hondo de mi corazón empecé a sentir que me estaba traicionando. Desde entonces, vivía con una cierta sensación de incoherencia. Los últimos años los había vivido desde una curiosa ambivalencia: por un lado leía libros de espiritualidad; por el otro, consentía un estilo de vida superficial que no era el mío. Aquella ambigüedad dejaba mucho que desear.

Desde luego que había pensado en ello muchas veces; y otras tantas lo había desestimado: convertirme en escritor profesional a tiempo completo. Era mi sueño. Pero ahora volvía a surgir esa cuestión con más fuerza que nunca. Necesitaba tomar una decisión definitiva.

Por aquel entonces acababa de cumplir cuarenta años, y, de algún modo, me hallaba en el final de un ciclo y en el inicio de una nueva etapa en mi vida.

Todo, en apariencia, era perfecto: poseía un espacioso piso, ocupaba un excelente empleo –seguro y muy bien retribuido–, hacía un par de viajes de larga distancia al año, conducía un automóvil deportivo, frecuentaba buenos restaurantes… en fin, disfrutaba de todos los caprichos que me podía dar. Siendo sincero: una vida muy convencional. Es lo más lejos que he estado de mí mismo.

Todo era tan predecible que empecé a sentirme muy insatisfecho. Mi corazón era un palacio deshabitado, vacío y lleno de ecos.

Y la brecha no hacia más que crecer.

Aquel estilo de vida no resonaba con una vida consciente. De hecho, estaba rodeado de personas que teniéndolo todo, se sentían igualmente insatisfechas. Tantas eran que incluso creí que era lo «normal», y por tanto, lo aceptaba. Pero cada día que pasaba me entristecía viéndome renunciar a mi sueño. Cuando sabes algo, no puedes ignorarlo; y lo que yo sabía es que en algún lugar había una vida completamente distinta para mí.

Una mañana, en mi cafetería favorita, delante una humeante taza de té, me di cuenta que debía cambiar mi vida. Con esa convicción inicié un proceso que habría de llevarme a conquistar mi vida; o mejor dicho, a recuperarla. Era hora de dejar de negarme a mí mismo. Me aguardaba algo nuevo, pero lo que no sabía es que debía dejarle espacio y soltar todo lo que ya no me servía.

Haciendo números en una servilleta de papel, comprendí que vivir, en realidad, costaba mucho menos de lo que ganaba. Concluí que compensarme con «premios de consolación» por no vivir la vida que amaba, me salía carísimo.

Esto era seguro: mi alma ya no podía permitirse el precio que pagaba por un sueldo. Lo que hasta la fecha me parecía deseable ahora lo percibía como mediocre. A mi alrededor, compañeros de trabajo vivían la misma desolación interior de no *poseer* una vida. Unos sabiéndolo y otros ignorándolo. Me preguntaba, en realidad, ¿en qué habíamos triunfado?

Suenan todas las alarmas

Un día me encontré en el servicio médico de la empresa.

Vivir en la incoherencia drenó mi energía hasta debilitar mi ánimo. Tras reconocerme, la doctora dictaminó, sin ningún género de dudas, indicios de depresión y me propuso la baja. Casi sin mirarme, rellenó un volante mientras me informaba que aquello era algo muy frecuente en el sector financiero por la excesiva presión que soportábamos.

Mis ojos se llenaron nuevamente de lágrimas.

Estaba desolado.

No podía creer que a los cuarenta años pudiera convertirme en un juguete roto. Ni en el peor de mis planes cabía aquella posibilidad. Pensé: «No puede ser, no puede estar sucediéndome a mí». Pero sí, a mí. ¿Cómo había llegado hasta aquel punto?

Me levanté de un salto del sillón, detuve con mi mano la mano de la doctora –que seguía escribiendo– y le dije: «No se moleste, nada de eso será preciso», y me despedí ante su asombro.

La consulta estaba en la última planta del edificio; cuando llegué a la calle ya había tomado una determinación. Es fácil imaginarla: iba a pedir la baja, pero no por enfermedad, sino por rescisión voluntaria y definitiva de mi contrato laboral.

Mi dimisión.

Desde luego, tuve muy claro que no era un acto de valentía. Se trataba de puro instinto de supervivencia. Una vez le preguntaron a John F. Kennedy cómo se había convertido en un héroe de guerra: «Fue involuntario, hundieron mi barco», respondió él. Algo así me ocurrió a mí: no tenía más alternativa que saltar de un barco en llamas. Siempre he creído que dentro de todos nosotros hay un héroe aguardando su momento. Era la hora de comprobarlo.

Con todo, renunciar me costó tres intentos.

Los dos primeros fueron neutralizados por prometedoras contraofertas por parte de la entidad –a la cual siempre he agradecido su buena intención–. Como estaba sumido en un mar de dudas y lleno de temores, acepté sus propuestas por agradecimiento. «Trabajo para una gran entidad, debo estar loco si renuncio a esto», me repetía una y otra vez.

La tercera vez que entré en el despacho del jefe de personal con la misma carta de renuncia de las anteriores ocasiones, ya no intentó convencerme. Supongo que comprendió que mi renuncia era inevitable y que no valía la pena insistir en que me quedara.

En el kilómetro cero

Descarté cualquier tipo de medicación que no fuera natural. Eché mano de todos mis conocimientos. Empecé a escribir terapéuticamente a diario, inicié un plan de ejercicio físico intensivo –por la mañana y por la tarde–, fitoterapia, sesiones de meditación y visualización positiva; y sobre todo, lecturas de libros inspiradores durante horas y horas. Por las tardes era frecuente verme hacer *jogging* en el parque y también leer sentado bajo alguno de sus árboles.

Por aquel entonces, mi pareja –una mujer que salía de un divorcio tan reciente como inesperado– rompió conmigo, agotada por mi falta de compromiso con la relación. Y no podía reprochárselo, mi actitud distante no merecía otra cosa. Aun así, nuestra ruptura hundió mi estado de ánimo a mínimos preocupantes. Me sentí completamente devastado y en el nivel más bajo al que jamás he descendido nunca. Por un lado, había dado un gran paso al vacío sin garantías de ninguna clase; y por el otro, estaba completamente solo.

La mala noticia es que, queriéndolo o sin quererlo, había roto con todo. La buena noticia es que nada podía empeorar.

Era hora de un gran cambio.

Y en el centro de la pura nada y desde mi «kilómetro cero», empezó un proceso de alquimia espiritual que jamás habría imaginado. Todo ser humano tiene su gran crisis, su desierto. Yo estaba a punto de atravesar el mío.

Me convertí en un desconocido para algunas personas y para otras en un desafío. Pude sentir cómo a algunos colegas de profesión mi inquietud les resultaba familiar y, sin embargo, un tema tabú. Otros jamás pudieron entenderlo; para ellos, simplemente había perdido la cabeza. Me miraban con extrañeza mientras decían: «¿Sabes cuántas personas querrían trabajar para este banco y en ese cargo? ¡Debes estar loco!».

Tal vez. Pero yo había puesto el corazón en otro horizonte.

Haciendo inventario, contaba con la fe en mí mismo, mis valores, mis padres –lo más sólido y valioso de mi vida–, y por supuesto, buenas amistades. En especial, Paz Puente y Laura Conesa, dos auténticos ángeles que extendieron sus alas para recogerme cuando yo caía, a riesgo de privarse de usarlas para sí mismas. Yo volví a nacer entre sus alas.

Aquellos días, rescaté de mi biblioteca una auténtica obra maestra de la superación personal: *Un Curso de milagros,* editado por la Inner Peace Fundation. Eso era precisamente lo que yo necesitaba: un milagro. Y ese libro de verdades eternas me sanó. Estudié el *Curso* a fondo, hice los ejercicios, y con el paso de los meses sus palabras me condujeron a la paz interior. No era la primera vez que encontraba cura en los libros, aunque jamás había experimentado una sanación tan profunda.

Como dije, pasé incontables tardes leyendo sobre la hierba del parque en la urbanización donde vivía. Leer era mi mascarilla de oxígeno. Algunas noches buscaba el contacto de mis pies desnudos con la tierra y abrazar el tronco de los árboles. Y a menudo, me sentaba bajo las estrellas, en la oscuridad del parque, contemplando como, poco a poco, yo sacaba una nueva piel.

Aún tardaría en sonreír, pues lo que hoy sé entonces aún no estaba claro para mí.

Una nueva vida construida sobre la anterior

A la vuelta de mi año sabático, había empezado una nueva actividad profesional y mi economía empezaba poco a poco a rehacerse tras mi renuncia laboral. Vendí el piso y el automóvil, me deshice de todos los recuerdos del pasado, cancelé las deudas que había acumulado.

Y empecé en otro lugar, desde cero, a construir una vida sobre la anterior.

El punto de inflexión llegó cuando escribí de nuevo y comencé a impartir conferencias.

Era un completo principiante en una nueva ocupación, pero contaba con la suavidad y la calidez que el proceso me había dado. Aceptar mi vulnerabilidad me hizo fuerte. Podía conectar con las audiencias desde el corazón y la sensibilidad. Mi testimonio les ayudaba y yo sentía que podía inspirarles. Mis palabras conmovían a otras personas que se hallaban atravesando su propio desierto. Yo había salido del mío.

Mientras tanto, seguían llegándome cartas entusiastas –de personas que yo no conocía– que me contaban el impacto que mis libros habían causado en su vida. Para mí, no hay nada más emocionante que comprobar la utilidad de mis libros y servicios después de realizar una gran apuesta personal que supuso quemar todas las naves.

Sólo cuando hube impartido más de cien conferencias y presentaciones de libro –además de haber publicado cuatro libros–, me sentí autorizado para dirigir seminarios. Los seminarios me llevaron a la consulta personalizada. Éste fue un paso que no quise dar hasta que acumulé tres años de experiencia como formador en contacto con centenares de personas. Me tomó un año adicional formarme como *life coach* y *business coach.* Conocía de primera mano el significado de establecer un objetivo y hacerlo realidad, sin embargo, precisaba de una metodología acreditada. El *coaching* me proporcionó todo eso.

Durante muchos años me había preparado bien y ahora estaba capacitado para ayudar a otros a lograr sus sueños. Cuando repaso los últimos veinte años de mi vida es fácil reconocer los pasos que me han conducido a hacer exactamente lo que hago hoy día. Me doy perfecta cuenta de lo claras que estaban las cosas por primera vez en mi vida. Nunca antes había estado tan enfocado y comprometido.

Yo *era* otra persona, podía sentirlo y los demás también podían percibirlo. Todo ese enorme trabajo interior se reflejó en el tono cálido de mis siguientes libros: *Juntos* y *El Maestro de las Cometas,* ambos fruto de aquel interesante período. Hoy considero aquella etapa como la más compleja de mi vida y también la más importante. Un gran regalo.

Un día, después de una presentación de libro, una mujer se acercó a la tarima y me dijo que «desprendía paz interior», de este modo concluí, por fin, que estaba sanado.

Cambio de vida

Pasé de trabajar en un gran banco a trabajar desde un pequeño despacho en casa. Pocos medios, mucha ilusión. Poco a poco prosperé. Hoy mi vida no se parece en nada a lo que fue un día. Es todo tan diferente que no deja de sorprenderme la capacidad que tenemos los humanos para reinventarnos. Y lo mejor: mi vida hoy es tal cual la soñé. Lo hice real. Y lo cierto es que puede hacerlo cualquiera.

¿Cambio de vida?
¡Cambio de vida!

Cuando miro atrás, me parece increíble cómo pude vivir tantos años de espaldas a los sueños de mi corazón. Me sorprende cómo no vi antes que aquella vida incoherente era el origen de todos mis males. Mi miedo al compromiso, en todos los aspectos, estaba haciendo que me perdiera las cosas sencillas pero importantes de la vida.

Dejé de vivir al margen de mi mayor sueño.

Deseaba dedicar mi vida a lo que hacía latir mi corazón con fuerza: escribir. Aprendí que cuando el corazón descubre lo que quiere, el universo colabora. Aprendí que el proceso de vivir por un sueño te enfrenta a las partes de ti mismo que es preciso dejar atrás. Que tu vida mejora cuando tú mejoras, pero no antes. Y que no hay nada más excitante que buscar tus propios límites para descubrir que no son reales. Todo lo que aprendí para hacer un cambio de vida está en este libro.

Hoy en día, mis ingresos ya no proceden de mi formación universitaria. Tal vez por ello mi trabajo no me parece un trabajo. Redefiní mi sueño: un nuevo estilo de vida –coherente, autentico– y una nueva profesión –escritor, *coach*, formador–. Desde que eso ocurre, suelo decir que no he trabajado ni un solo día, y sin embargo disfruto de todos. En eso radica el éxito. Y lo sé porque me doy perfecta cuenta de que no podría ser más feliz de lo que soy en este preciso momento.

Primer día: ¿En «quién» he de convertirme para manifestar mi mayor deseo?

«La mayoría de las gaviotas no se molestan en aprender sino las normas de vuelo más elementales: cómo ir y volver entre playa y comida. Para la mayoría de las gaviotas, no es volar lo que importa, sino comer.»

Richard Bach en *Juan Salvador Gaviota*

Abraza lo nuevo

Celebra tu insatisfacción. Tiene un mensaje claro: nunca vas a obtener suficiente de lo que en realidad no amas. Lo que no amas es como el agua salada: beberla te da más sed. Insistir en lo que no funciona siempre empeora la situación. De modo que si sientes que algo falta en tu vida, transmuta el descontento en material reciclado para los cimientos de una nueva vida.

Comienza desde la insatisfacción.

Quienes buscan felicidad y sólo encuentran insatisfacción, deben antes vaciar su mente de razones insustanciales. No han sabido buscar. Para alcanzar una nueva orilla antes es preciso perder pie. Navegar en aguas desconocidas con los ojos puestos en un gran horizonte, y no mirar atrás.

Sea cual sea tu sueño, éste es un momento interesante. Hoy las posibilidades de realizar cualquier cosa se han multiplicado exponencialmente.

La insatisfacción es una emoción, y como tal habla de ti: indica que estás centrado en algo que no deseas. Tiene un propósito, no lo ignores. No tiene nada de malo en sí misma, una emoción es sólo una señal para tu evolución. ¡No le eches las culpas! Una emoción es energía para tu siguiente paso. Es una vibración que busca ascender a un nivel más elevado.

Aprovecha tus resistencias como una palanca de cambio, tu insatisfacción como un motor de transformación. Cuando algo no funciona bien, las emociones que creas son energía condensada para cambiarlo.

Pronto, tu corazón te dirá lo que deseas: céntrate en eso. Porque lo que consigas en la vida no tiene que ver con rechazar lo que no quieres, sino en centrarte en lo que sí quieres. Ahora, ¿te enfocas en crear satisfacción o en eliminar insatisfacción?

Abraza lo nuevo, reconcíliate con lo viejo. Lo que has creado hasta la fecha es poco comparado con lo que puedes manifestar. Y la persona que hoy eres es un esbozo de quién lo logrará. Pero no luches con tu pasado por no ser mejor de lo que fue. Repásalo con indulgencia, te estabas preparando para lo que viene a continuación. Mantén tu corazón abierto a nuevas realidades, porque si sigues leyendo es lo que sucederá.

Quizá aún no sabes qué deseas, pero sí qué quieres dejar atrás. No te preocupes, pues no tardarás en descubrir adónde te diriges. Ten un bloc de notas a mano, vas a formularte muchas preguntas para aclararlo. Por favor, toma notas, empiezas *El método de los deseos cumplidos.*

Recicla la incomodidad en comodidad

Imagina que a los cinco años te compraron unos zapatos ideales. No se estropean. Pasa el tiempo, tú has cambiado: tus pies han crecido. Pero sigues con ellos. Imagina ahora qué vida tan dolorosa andar con esos zapatos puestos. Pues a menudo eso es exactamente lo que sucede. Nosotros cambiamos, nuestras vidas no... y la vida nos duele.

Cuando la comodidad manda más que sirve, ha llegado el momento de tomar decisiones. Sé que hay quien prefiere seguir con malo conocido que con bueno por conocer. Son las mismas personas que se contentan con quejarse cuando las cosas no van bien.

Pero: si eres de los que piensan que tiene que haber otro modo, y que el momento de averiguarlo es ahora, acabas de pasar página en el guión de tu vida.

Sé que fuera de tu *zona de comodidad* hay incertidumbre. Pero vale la pena: todo lo que deseas en la vida está fuera de tu *zona de comodidad* (y dentro de la *zona de oportunidad).* Si quieres desarrollarte como persona y crecer por encima de tus limitaciones debes saber que eso sucederá cuando expandas tu *zona de comodidad.* Es decir, transformes lo que no quieres en lo que quieres.

Bienvenido a una de las fases más creativas de tu vida.

Si un cambio resulta incómodo, recuerda que antes del cambio también te sentías incomodo, incluso tal vez más. Y si no haces nada, espera a ver cómo se pondrán las cosas con el tiempo. Hacer algunos cambios puede requerir esfuerzo, pero no hacerlos puede resultar algo muy doloroso. Tu trabajo eres tú.

Axioma: lo cómodo, a la larga, suele resultar muy incómodo. En su versión popular: lo barato sale caro.

Los seres humanos por desgracia pasan más tiempo en la *zona de comodidad* que en la *zona de oportunidad.* Es tan triste y a la vez tan cierto... En el mundo abunda la insatisfacción por querer jugar a lo seguro. No es teoría, es una realidad.

William Bridges, en *Gestionando las transiciones* nos ayuda a comprender la respuesta de las personas ante el cambio. Para él, «cambio» y «transición» son aspectos diferentes. El primero es externo, el segundo interno. Y si antes no se elabora una transformación interior, el cambio exterior no ocurrirá. Para que el mundo cambie antes la humanidad tiene que cambiar. Para que tu vida cambie, antes tú debes cambiar. ¿Tanto cuesta aceptarlo? En su libro, el autor afirma: «A menos que ocurra la transición, el cambio no funcionará». El modelo de transición de Bridges es muy útil para entender las fases hacia un nuevo comienzo.

Las tres etapas son:

1. Un final (para que algo empiece, antes algo debe terminar).
2. Una fase neutral (para conducir la confusión a la aclaración).
3. Un nuevo comienzo (para crear una nueva conciencia).

Te habrás dado cuenta de que la primera y la tercera son «cambios» externos y que la segunda es la «transición» interna. Esta última es la más importante, y su propósito es reunir energía para elaborar la transformación personal.

En resumen: los cambios en tu mundo son consecuencia de los cambios en ti. Trabaja en tu interior para modificar tu mundo exterior.

Despréndete de lo que deseas para conseguirlo

Es increíble comprobar cuánto cambian las cosas cuando se empiezan a aceptar. Incluso la tarea más ingrata y desagradable puede transformarse si se observa con una nueva mirada.

Únicamente con la aceptación, los conflictos empezarán a transformarse. El rechazo se disolverá y dejará de atraparte. Si realizas una tarea con amor, cualquiera que sea, ésta dejará de convertirse en una carga para ser una bendición.

Sí, la vida resulta paradójica y sólo puedes dejar atrás lo que detestas cuando ocurre una de estas tres cosas:

1. Lo aceptas.
2. No lo aceptas; pero aprendes a amarlo.
3. Ni lo aceptas ni lo amas; pero aprendes su lección.

Aprender a soltar es la alquimia de la transformación. Las cosas ocurren desde el quererlo pero no necesitarlo (desvincularse del resultado sin ejercer presión en él). El deseo puro no alberga necesidad, así como el amor incondicional no implica dependencia. Los arreglos forzados, a la larga, terminan siempre por crear problemas mayores que a los que tratan de evitar.

Un ejemplo práctico: si en tu trabajo llega el día en que no sabes cómo proseguir, agradécelo, bendícelo y déjaselo con amor a otro. Cuando abandones tu posición con gratitud, surgirá alguien que la ocupará de inmediato y realizará tu labor con tesón. Lo que para ti significaba un fastidio, para otro puede suponer una auténtica bendición.

Otro ejemplo muy real: si no puedes dejar de mirar el reloj durante todo el santo día es que no estás en tu trabajo, ¡estás en el trabajo de otro! Si no lo amas, no es tu trabajo: ¡es tu pesadilla! Margaret Stortz lo captó y escribió: «Se requiere mucho valor para alejarse de lo familiar y aparentemente seguro y lanzarse hacia lo nuevo. Pero no hay seguridad en lo que ya no tiene significado. Hay más seguridad en la aventura y la excitación; en el movimiento hay vida y en el cambio, poder». ¿Resuena en ti?

Veamos qué está ocurriendo en nuestros días:

Cada vez más personas se dan cuenta de que su corazón está en otra parte. Su alma sabe que cualquier cambio exterior requiere de una transformación interior. Y pasan a la acción. Cuando han hecho todo lo que está en su mano, entonces se desapegan del resultado y confían. Y más pronto que tarde, su mayor bien se hace presente sin ejercer ninguna presión.

El vacío abundante

Un poco de feng-shui: si deseas algo nuevo en tu vida haz espacio para poder recibirlo. Un poco de zen: el vacío es potencial. Y un poco de poesía: el vacío es bello.

Si has meditado sabrás a qué me refiero.

Lo que trato de expresar es que la manifestación de deseos requiere espacio para crecer. Y cuanto más puro es el vacío, más potente es su poder de atracción. El vacío es natural y necesario en todo proceso evolutivo, no tiene nada de malo. El universo necesita del vacío para expandirse.

Los científicos describen un átomo como vacío, pero no un vacío-inerte, sino un vacío-pensante. Algo así como un océano de sabiduría infinita. Como se dice en la película *(What the bleep do we know?!)* ¿Y tú qué sabes?: «En el principio estaba el vacío rebosante de posibilidades infinitas, de las cuales tú eres una». ¡Qué hermoso pensamiento!

Los físicos cuánticos saben que todo es energía vibrando a diferentes frecuencias (y eso nos incluye a nosotros: somos campos de energía). Para D. Bohm, eminente físico de partículas, hablar de un mundo material *no viviente* es una completa abstracción. Paradigma de la «superstición del materialismo»: el mundo material es un campo *inteligente* y *vibrante*. Y la experiencia sensorial, totalmente ilusoria. No es ciencia ficción. Es un paradigma de la realidad definitivo.

Revolucionario.

Los científicos han detectado la «masa perdida» del universo después de medir la fuerza gravitatoria total del cosmos y comprobar que no se corresponde con la materia visible que miden sus instrumentos. Y en consecuencia, deducen la composición del cosmos: un 4 por 100 de materia visible, un 23 por 100 de materia «no visible» y un 73 por 100 de «masa perdida». Concluyen que ¡la mayor parte del universo está formado por materia no perceptible! Y, sin embargo, real. El vacío puro es una fantasía.

¿El vacío está realmente vacío? Lo que sabemos ahora es que el vacío contiene una cantidad de energía enorme. Tanto es así que ¡hay más energía disponible en el universo inmaterial que en el material! El vacío cuántico es un campo de información pulsante, un hervidero de partículas tan efímeras en el tiempo que se las conoce como «virtuales». ¿Qué sabemos de ellas?, ¿para qué sirven? Hacen posible que cada punto del universo interactúe con el resto. Entran y salen –aparecen y desaparecen– de la «realidad», y al hacerlo, condensan una cantidad de energía ilimitada.

¿Podrías comprender que no estás en el universo, sino que eres el universo? Libros como *El universo en un sólo átomo* del Dalai Lama, *El Universo Vecino* de Marcus Chown, *La ciencia y el campo akásico* de Ervin Laszlo, son lecturas que nos dan en qué pensar.

Desconocemos nuestro potencial creativo.

Si honráramos esa cualidad, la humanidad ascendería de inmediato a otro nivel de realidad. Y los deseos se cumplirían un instante después de haber sido formulados.

El foco de atención creativa

Cualquier cosa en la que concentras tu atención, se expande. Tu foco de atención es tu herramienta creativa basada en este sencillo principio de seis palabras:

Te-conviertes-en-aquello-que-piensas.

Estos diez focos iluminarán tu atención creativa sobre lo imposible y lo posible. Veámoslos:

1. Tu nivel de éxito está condicionado por tu habilidad en hacer posible lo imposible.
2. Tu cima imposible era posible antes de que la calificaras como imposible.
3. Tu cima no es imposible aunque las dificultades lo parecen.
4. El primer paso para alcanzar tu cima consiste en dejar de creer en su imposibilidad.
5. Las dificultades parecen estar en el mundo, pero en realidad están en la mente.
6. Te alejas de tu cima cuando la niegas o la ignoras. Y te acercas a ella cuando la afirmas.
7. No llegarás a tu cima con buenas intenciones, sino combinando acción interior y acción exterior.
8. No hace falta que comprendas para actuar; actúa y comprenderás.
9. Nadie puede comprender lo que aún no ha hecho.
10. Muchos caminos conducen a tu cima, aunque te basta con encontrar uno.

Como estoy seguro, ya sabrás que la acción interior es necesaria pero no es suficiente. La acción exterior es necesaria pero no es suficiente. Posible e imposible son las caras de una misma moneda. Lo que pienses ahora será tu siguiente verdad, la estás creando ahora. Joe Vitale menciona en su *El poder de la atracción* (Ediciones Obelisco) un episodio de Star Trek en el que Spok visita un planeta que ¡Lee sus pensamientos y los crea en la realidad! La tierra es exactamente como ese planeta. Tenlo por seguro, no es una metáfora.

Corolario: «Todo sueño es creado dos veces: primero lo haces posible en la mente y después lo haces real en el mundo». En su versión popular: «Reza como si todo dependiera de Dios; luego, trabaja como si todo dependiera de ti».

Amén.

Meta-deseo

Un deseo es potencialidad pura en busca de su manifestación. El universo se recrea a sí mismo a través de nuestros deseos. Nuestra creatividad es una expresión de su ilimitada capacidad de crear. Y la alegría que sentimos cuando los manifestamos refleja el recuerdo inconsciente de nuestra conexión con su infinitud.

Descendamos al nivel de la metáfora.

Un deseo es el vehículo que nos conduce al meta-deseo (*meta* significa: más allá de...). En otras palabras, no deseamos nada en sí mismo sino que anhelamos la emoción que nos proporcionará. Así, si mi sueño consiste en conducir un descapotable, probablemente lo que quiero es la sensación de libertad, distinción, etc. Igualmente, nadie quiere el dinero por sí mismo sino por lo que puede proporcionarle.

Después de años de preguntar a las personas para qué quieren lo que quieren siempre encuentro estas mismas respuestas con apenas variaciones: ser feliz, satisfacción, realización, paz interior… No importa cuál sea el deseo: conseguir un buen trabajo, perder peso, tener pareja, o tener un hijo… Pregúntate *¿conseguir qué?;* y a cada respuesta que obtengas, aplica esa misma pregunta una y otra vez. Y verás como siempre llegas a las mismas respuestas: felicidad, satisfacción, realización, paz.

Meta-deseo: el deseo emocional
que hay detrás del deseo material.

Sólo hay un deseo pero con diferentes disfraces. Pregúntate: ¿Qué obtendré cuando lo consiga? Y llegarás a la misma conclusión.

Y ¿qué ocurre cuando tengo deseos que en realidad no deseo? Que al poco de conseguirlos te darás cuenta de que en realidad no los querías. Un capricho. O sea, un deseo sin meta-deseo. Los caprichos no pueden hacerte feliz, todo lo más pueden compensarte por no serlo.

La vida es un interminable juego de deseos donde se juega algo mucho más importante: el juego de la transformación. Desear consiste en: transformarnos para atraer el logro, actuar para confirmar la transición interior, agradecer lo conseguido y vuelta a empezar. Cada deseo es el vehículo de una nueva transformación, y la voluntad de jugar un juego más grande en la siguiente ocasión. Y cada vida, el vehículo de un Dios. El juego vuelve a empezar. Y así, la conciencia infinita, a través de un ser humano y sus sueños, regresa a sí misma.

Atreverse a vivir por un sueño

¿Quieres vivir por un sueño? ¿Qué aspecto tendría tu vida de hacerlo? El escritor Rainer Maria Rilke, en *Cartas a un joven poeta,* (Ediciones Obelisco), propone una respuesta impecable: «Excave en sí mismo en busca de una respuesta que venga de lo profundo. Y si de allí recibiera una respuesta afirmativa, si le fuera permitido responder a esta seria pregunta con un fuerte y sencillo "debo", construya su vida en función de tal necesidad; su vida, incluso en las horas más indiferentes e insignificantes, ha de ser un signo y un testimonio de ese impulso».

Y lo que sigue es una de las principales enseñanzas de *El Maestro de las cometas:* «Cuando un sueño muere, porque se deja de creer en él, el rumor de un sollozo recorre el sinfín del cosmos. Pero afortunadamente, al instante, el mismo anhelo brota de nuevo en un corazón dispuesto a creer en él. Y entonces, la decepción se transmuta en la ilusión por verlo convertido en realidad. Y el sueño vuelve a nacer».

Un día pensé que es el deseo quien nos elige, no al revés –ya nunca he podido dejar de verlo de ese modo–. Y al siguiente sentí que el sueño «sueña» a través del soñador y le susurra al oído: *«Aliéntame, dame vida, permíteme existir... Quisiera crecer a través de ti y bendecir tu vida y la de todos».*

En lo que a mí respecta, ver las cosas de ese modo me libera de una gran presión, pues me alivia saber que trabajo «en equipo». Mis sueños son más que simples ambiciones personales, son «buenas ideas prestadas». Y me llena de alegría ofrecerme como voluntario para hacer que ocurran. A veces, me formulo esta pregunta: «¿Qué espera la vida de mí en este momento?». Y acto seguido me olvido de mis exigencias egoístas.

Me gusta pedir a las personas que se pregunten en quiénes se han de convertir para lograr su mayor sueño. No se trata de un cambio de identidad sino de mentalidad. Mientras lo imaginan puedo ver cómo su energía aumenta y, ante mis ojos, se convierten en personas poderosas. La sala se inunda de entusiasmo y ya no baja el nivel en toda la jornada.

¿Te has preguntado alguna vez dónde te quiere Dios? ¿Te gustaría poner tu corazón donde está tu sueño? Di ¡sí! y dispondrás de un centro sobre el que hacer girar tu vida. Vive por aquello que amas, y en ese preciso momento tu vida empezará a transformarse.

El elevado precio de dedicarse a lo que en realidad no se ama

Dedicar una vida a lo que no alegra el corazón es sobrevivir nada más. Es un inmenso error.

Entonces:

¿Por qué hay tantas personas que se dedican a algo que les desagrada? He reunido un par de razones y ambas dejan mucho que desear. Una, la creencia de que no es posible ganarse la vida y disfrutar a la vez. Y dos, el miedo al fracaso.

Pero:

Lo que quieres es posible. No es fácil, aunque tampoco lo es una vida que no se ama. La mayoría cree que su sueño no puede convertirse en «un trabajo de verdad». Para ellos, es más real manejar el desencanto que comprometerse en un gran proyecto personal.

Y:

Lo que para ellos es un *hobbie* para otros es una profesión bien remunerada. Y en algunos casos, excelentemente remunerada. Yo era de los que pensaban que un escritor no podría ganar nunca dinero. Me equivoqué. No me refiero a una carrera centrada en la poesía haiku. Digamos más bien en una temática más pragmática.

Aun así, la lista de excusas es larga:

- No tengo alternativa
- No puedo permitirme el lujo de elegir
- Esto es lo que hay
- He de sostener una familia
- Tengo una hipoteca que pagar
- Lo seguro es lo seguro
- Ya soy mayor para empezar
- No sé cómo hacerlo
- Arriesgarse resulta peligroso
- No tengo la formación adecuada
- Es una auténtica locura
- Las cosas están muy mal
- Los sueños, sueños son

Etcétera. No importa el tamaño ni la forma de la pesadilla, lo que cuenta es que siempre hay alternativa.

Las personas que se dedican a lo que no aman suelen quejarse de un «exceso de trabajo». Por supuesto, ¡nadie se quejaría de aquello que ama! Al final de sus jornadas, están agotados porque entregan su energía a algo que no la repone.

Dicho de otro modo, nadie se sentirá suficientemente recompensado por lo que en realidad no quiere. Y no importa cuál sea el tamaño de la recompensa. Podrá consolar, pero no hacer feliz. Son cosas muy distintas. A menudo, los premios de consolación salen muy caros. Unas veces, las recompensas atan más aún. Otras, son promesas que raramente se cumplen. Y las más veces, intentonas de poner precio a lo que no lo tiene: el tiempo. Mi filosofía es:

El tiempo es vida; y resulta indigno vender
al mejor postor lo que nos ha sido regalado.

El orador motivacional Zig Ziglar nos recuerda: «El queso gratis siempre está en una ratonera». Y así es. Ni es fácil. Ni es gratis. Pero sí vale la pena. Abandona cualquier creencia que te conduzca a pensar que es posible conseguir algo valioso a cambio de nada.

El valor de dedicarse a lo que en realidad se ama

Las personas que consiguen realizar sus deseos se valen de una receta antigua con un solo ingrediente: el poder de la magia. Se halla en la mano de cualquiera, y aun así, mantiene la cualidad de secreto. No se agota ni siquiera cuando se prodiga; bien al contrario, crece y aumenta. Una vez que se aplica, todo gira a su alrededor y nada permanece excluido de su órbita. Es un recurso ilimitado; y de hecho, es la materia prima de la vida. Me refiero, por supuesto, a poner amor en lo que se hace.

Te diré lo que aprendí en mi proceso de cambio de vida: lo que uno ama no exige un precio tan elevado como parece; pero seguir en lo que no se ama suele salir muy caro. Si deseas ver cumplido tu sueño será a cambio de algún precio, con redondeo incluido. Yo lo considero una inversión. Ahora, ¿estás dispuesto a invertir en ti?

El éxito siempre está cuesta arriba, nunca cuesta abajo. Y las cosas que verdaderamente valen la pena suceden en los últimos kilómetros.

Algunas personas de tu entorno serán críticas y poco comprensivas; pero un sueño no se construye tratando de convencer a los demás sino desde la propia convicción. Algunos criticarán tu proyecto por la razón de que carecen de proyecto propio. O mejor dicho, sí lo tienen y consiste en arruinar los ajenos.

¿Cuánto tiempo hace que no gritas *¡eureka, lo conseguí!*?

El director de cine Steven Spielberg comentó en una ocasión que por la mañana se levanta tan entusiasmado ante una nueva jornada que a menudo ¡olvida desayunar! La primera vez que me ocurrió a mí, sonreí: buena señal. El entusiasmo es muy nutritivo.

Las personas que aman cien por cien lo que hacen no cuentan los días hasta el viernes o la llegada de las vacaciones. Empiezan las semanas con interés y ni siquiera piensan en retirarse. No estoy hablando en sentido metafórico, sino literal. Esas personas son reales, existen, y yo me incluyo entre ellas. Y espero que tú también.

El combustible de un sueño

Aunque parezca sorprendente, el éxito es una ciencia que puede aprenderse. Siempre deja pistas, y quienes las reconozcan y reproduzcan, lo obtendrán también.

Se han escrito muy buenos libros sobre éxito personal centrados en las cualidades que comparten las personas que han destacado en sus respectivos campos. Hoy conocemos el denominador común de quienes alcanzan sus sueños. Por ejemplo, Napoleón Hill dedicó su vida a estudiarlos. Él, como tantos otros, sintetizó en sus libros el combustible que impulsa un sueño.

La ciencia del éxito es extremadamente sencilla –aunque no fácil–, y precisamente porque es sencilla, funciona. Algunas personas tratan de convencerse a sí mismas de que las soluciones a sus problemas deben ser también complejas. Trasladan la complejidad de su problema a la solución. Y así lo perpetúan.

¿Cuál es el componente esencial en el combustible del éxito? El concepto acuñado por el doctor Wayne Dyer en el título de su libro *El Poder de la Intención*, responde a esta pregunta a la perfección. En su opinión, cuando alguien centra su foco creativo en lo que ama, entra en conexión con el Campo de todas las posibilidades y se sumerge en una corriente de acontecimientos sincronísticos auspiciosa. El poder de la intención establece un diálogo creativo en el lenguaje de las coincidencias que es, permítaseme la metáfora, el lenguaje que utiliza Dios. Como el mismo autor escribe: «Hay una inteligencia organizadora invisible de la que todos formamos parte».

Las «casualidades significativas» –o con alma– son esa clase de milagros que hacen que lo que deseas que ocurra, suceda de un modo tan creativo como inesperado. Relacionan un estado interior con un acontecimiento externo y tienen lugar en el momento más adecuado.

El mayor problema de las personas que no consiguen realizar sus deseos es que se hallan desconectadas del Campo de todas las posibilidades. Y aunque Dios siempre les habla, ellas no escuchan.

La conexión con el ámbito no circunscrito hace que la inteligencia responsable de toda la creación enlace *su* pensamiento con *nuestro* pensamiento. Es lo que los místicos llaman «sentirse conectado con la totalidad» y significa, ni más ni menos, que la *mente pequeña* se sincroniza con la *mente grande*. Son una.

Profunda enseñanza.

La Ley del Orden

La ley del orden decreta: *ser, hacer, tener.* Siempre en esta secuencia y no al revés.

Pero:

Las personas que la ignoran afirman convencidas: «Cuando lo *tenga* ya *haré* lo que *sea* necesario», y deberían decir: «Cuando *sea*, sabré qué *hacer* para *tenerlo*».

El libro que sostienes entre tus manos está escrito con un propósito: descubrir quién *ser* para poder *hacer* lo que te permitirá *tener* la clase de vida que deseas. Tengo el convencimiento de que todos podemos vivir con pleno significado si estamos dispuestos a ello.

La pregunta más sabia que puedes formularte es: ¿En quién he de convertirme para conseguirlo? La persona que eres ha conseguido lo que ha conseguido. Tus creencias y comportamientos han dado de sí hasta este punto. Si a partir de aquí deseas ir más lejos, necesitarás estimular las creencias y comportamientos que generarán ese cambio. No hay atajos.

Cuando trabajaba en la banca organizaba hipotecas para la gente que adquiría una vivienda. Y hoy, como *coach*, desarticulo las «hipotecas mentales» de la gente que retienen su potencial. Las viejas creencias suelen convertirse en la «hipoteca» del desempeño personal o profesional. Las creencias obsoletas pueden convertirse en el pasivo más grande de la vida.

El activo más importante de cualquier persona es su mente, independientemente de cómo se gane la vida. Y sin embargo, pocos la entrenan para que les proporcione lo que desean. Pasan por alto el principio de *A Course in Miracles*: «Una mente sin entrenar no puede conseguir nada».

Quien *eres* hoy define lo que conseguirás mañana; como ya dije, siempre sucede en este mismo orden:

Ser, hacer, tener.

De modo que ¡tus logros alcanzarán hasta donde tú alcances! Esto significa que el valor de la aventura de vivir por un sueño no consiste en *tener*, sino en la transformación del *ser*. Lo que hacemos y quienes somos deberían ser lo mismo y no cosas separadas.

Resultado objetivo y resultado proceso

Subir a la cima del éxito personal precisa mucho corazón. Ésta es la idea esencial de este libro. Si no, no vale la pena.

En *El Principito,* A. Saint-Exupéry, escribe: «Los hombres cultivan cinco mil rosas en un mismo jardín... Y no encuentran lo que buscan... Y sin embargo, lo que buscan podría encontrarse en una sola rosa... pero los ojos están ciegos. Es necesario buscar con el corazón».

Gracias Principito por habitar en el nuestro.

Tal vez creíste construir un sueño y que éste te pertenecía. Lo cierto es que tu sueño te «construirá» a ti. Eres tu sueño; y aún más, eres el sueño de tu sueño.

Hagamos una suposición. La *mente grande* decide jugar y, puesto que está sola, decide jugar al escondite consigo misma. En ese momento crea la ilusión de que los seres humanos somos entidades «separadas» para poder avanzar en su juego. Nuestra *mente pequeña*, extensión de la *mente grande*, hace de esa ilusión su realidad. Empieza el juego del ego. Y en realidad, lo que sucede es que la *mente grande* cumple su sueño a través de cada *mente pequeña*.

Cuando el objetivo se cumple, en ese instante recibimos dos bendiciones: el proceso que condujo al resultado y el resultado en sí mismo. Tenerlo presente convertirá el juego del éxito personal en el juego de la transformación de la conciencia.

El proceso lo es todo.

Así pues, el verdadero éxito está en la persona en que te conviertes y en el modo en que organizas tu vida entorno a todo ello.

Para mí, el éxito personal no depende de lo que consigo sino de entregarme a lo que amo. Y mi retribución es la satisfacción que siento cada día, cuando me levanto por la mañana, impaciente por vivir cada uno de sus instantes. Siento, a diario, la pasión de quienes emplean el corazón como brújula y sextante.

Cada día está esperando ser modelado por ti.

Volvamos a nuestra suposición: el juego del escondite termina cuando la conciencia se encuentra a sí misma. Ahora todo es Uno de nuevo. Has alcanzado la cima, has derribado tus límites. Tu ejemplo inspirará a otros, les llevará a preguntarse: «¿Y por qué no?». Tu testimonio tocará sus vidas más hondo que cualquier palabra. Y de nuevo, ante ti emerge un nuevo horizonte y el desafío de nuevas cimas. Y el juego de la conciencia que terminó vuelve a empezar.

El Campo de todas las posibilidades

Quisiera que durante la lectura de este libro mantuvieras en suspenso todos tus pensamientos preconcebidos. Puede ser que lo que sigue te suene muy esotérico, pero es pura ciencia.

Por el momento, te pediré que te consideres el lugar del universo donde se unen dos mundos: uno invisible, el CTP o «Campo de todas las posibilidades»; y otro visible, el mundo material.

Si estas palabras tienen un significado para ti, comprenderás las siguientes cualidades no manifiestas:

1. Potencialidad pura.
2. Correlación absoluta.

Veámoslas:

1. En el Campo de potencialidad pura, lo no manifiesto existe como una posibilidad a la espera de manifestarse. Puesto en otras palabras, todas las posibilidades existen en este mismo momento, y todas gozan de cierta probabilidad de deslizarse al estado que conocemos como realidad. La física cuántica establece que, a nivel subatómico, todas las posibilidades existen en «términos de probabilidad» y que prestarle atención a una de ellas, la materializa en la realidad. Pero mientras ese estado de «indeterminación» se resuelve, las posibilidades son infinitas. En el escenario cuántico, la conciencia hace visible lo invisible. Todos creamos el mundo por medio de nuestra atención. Olvidar este don creativo es malentender el propósito con el cual vinimos al planeta.
2. El universo es un sistema sensible, inteligente y en constante interacción. El Campo de todas las posibilidades no está separado de nosotros, en realidad *es* nosotros. Y todo está relacionado con todo. En palabras del filósofo R.Waldo Emerson: «Hay una inteligencia común en todos los humanos. Cada persona es una entrada a esa inteligencia y a cuanto en ella existe. Reposamos en el seno de una inmensa inteligencia que nos hace receptores de su verdad, y órganos de su actividad».

En el Campo no hay sucesos separados, nada es local sino que está correlacionado; la información está en todas partes a la vez, la memoria y la conciencia son compartidas, y la materia no es la característica principal del cosmos sino la vibración y la energía. La correlación instantánea, que el Campo hace posible, se manifiesta en todos los ámbitos: la física, la biología, la cosmología y la conciencia.

En este escenario de magia, tú eres el mago. Y para que la magia ocurra, es preciso creer en ella. Ahora mismo, te hallas tan cerca, o tan lejos, de tus deseos como lo estás de un pensamiento. ¿Lo has cogido? A mí me costó al principio.

Soñar despierto

Tengo varias lecturas muy interesantes sobre la mesa, vamos a repasarlas a ver qué nos dicen:

De los Upanishads: «Cuando la persona está durmiendo alcanza el estado de sueño y es envuelta en su propia luz. Allí no hay bendiciones, ni felicidad, ni alegría; sin embargo; la persona crea bendiciones, felicidad y alegría. Allí no hay lagos, ni estanques de lotos, ni manantiales; sin embargo, la persona crea lagos, estanques de lotos y manantiales. En ese estado la persona es en verdad el hacedor». En un sueño, las cosas más asombrosas suceden de un modo simple. Lo que es necesario, allí está.

La persona promedio entra en su pesadilla diaria porque nunca creó un sueño hermoso. El *soñador despierto*, cuando formula un deseo, entra en una nueva realidad potencial; y cuando deja de acariciarlo, sale de ella. La diferencia entre lo que conoce como realidad –lo que ocurre– y lo que llama sueño –lo que desea que ocurra– es tan sutil, que tal vez no exista. Me recuerda el comentario del filósofo H. D. Thoreau: «Nuestra vida más verdadera es la que se produce cuando soñamos despiertos». ¿Qué es verdad para ti?

Otro libro: *A través del espejo*, de L. Carroll, donde Alicia escucha a la Reina decir lo siguiente: «Cuando tenía tu edad, creía durante media hora diaria en cosas imposibles. A veces, yo he llegado a creer en seis cosas imposibles antes del desayuno». Yo también.

Y a menudo acaban siendo posibles.

Un libro de filosofía, de R.Waldo Emerson: «Lo que pensó Platón lo puede pensar él. Puede sentir lo que ha sentido un santo: puede entender lo que ha sucedido en cualquier época a cualquier hombre. El que tiene acceso a este espíritu universal, es un partícipe de todo lo que se ha hecho o puede hacerse».

Y aquí uno de mis favoritos: el fascinante libro *El Campo* (Ediciones Sirio). En él, su autora, Lynne McTaggart, nos relata cómo ciertas tribus amazónicas consideran los sueños nocturnos como algo compartido y no exclusivo de quien los sueña. Tanto es así que cada mañana ponen en común los sueños de la vigilia. Para ellos, el sueño elige al individuo para revelarse a la comunidad.

Algunos científicos empiezan a considerar el cerebro como un «receptor» del material mental de toda la especie almacenado en el Campo de todas las posibilidades. Un sembradero de ideas, de sueños. ¿Imaginas las implicaciones si el cerebro, en lugar de ser un sistema cerrado de almacenamiento, fuese un sistema abierto de recuperación?

Y, finalmente, el libro que te presento tiene como objeto invitarte a soñar despierto. Una vez que tu sueño tome posesión de tu corazón ya no desearás vivir de espaldas a él. Tus sueños están en tu corazón por algún motivo, y vamos a ver cuál es.

(?) Tres preguntas que pueden cambiar tu vida:

1. ¿Mi estilo de vida actual le habla a mi corazón?
2. ¿Qué no es perfecto y podría serlo?
3. ¿En qué no aplico *suficiente-acción* que crea *insatisfacción*?

(!) Tres tareas para la acción inmediata:

1. Escribe cuáles son tus valores, aquello que es importante para ti en este momento de tu vida. Ordénalos por prioridad, de mayor a menor importancia. A su lado, anota el porcentaje de tiempo y energía que les prestas. Durante esta jornada, aumenta tu compromiso con lo que es importante para ti.

2. Imagina que de pronto tu actual trabajo desaparece de la faz de la tierra y que ya nadie quiere eso que haces. Es el momento de volver a elegir. Ahora, escoge cinco

nuevas profesiones que te resulten atractivas; y de entre ellas, una a la que te gustaría dedicar el resto de tu vida. No te preocupes en este momento de si posees las competencias o no.

3. Simplifica tu vida en todos los órdenes y reúne la energía y el tiempo que necesitarás para conseguir tus metas. Haz a un lado las actividades y las relaciones que no le «hablan» a tu corazón o disminuyen: tu poder personal, tu energía y tu tiempo. Seguir allí donde tu corazón está ausente es una lastimosa pérdida de tiempo. Haz una lista con todo lo que vas a dejar atrás.

(✔) Una idea para resumir:

Acepta la insatisfacción como una señal de un cambio necesario, y no como un fastidio. Utilízala como combustible para mejorar la situación actual y transfórmala en el impulso creativo de la situación deseada.

Segundo día:
¿Qué deseo, de cumplirse, cambiaría mi vida?

«En lugar de nuestro lento y pesado ir y venir a los pesqueros, ¡hay una razón para vivir! ¡Podremos alzarnos sobre nuestra ignorancia, podremos descubrirnos como criaturas de perfección, inteligencia y habilidad!»

Richard Bach en *Juan Salvador Gaviota*

La gran pregunta

Cada corazón alberga un gran sueño. Si está allí, alguna razón habrá para ello. Y cada vez que elegimos entre cumplirlo o no, estamos decidiendo, en realidad, entre llevar una vida satisfactoria o no.

Todos deberíamos vivir enfocados a convertirlo en una realidad, ya que todos sentimos que, sin un propósito, la vida languidece poco a poco hasta marchitarse. Un propósito es evolución para el alma. Te estimula a sacar a la superficie, y exponer al mundo, tu yo interior.

Ahora, ¿qué harías durante el resto de tu vida si el resultado estuviera garantizado? Tómate tu tiempo porque tengo una pregunta más: ¿Qué es realmente importante para ti? Son dos preguntas con dos presuposiciones implícitas:

1. Hay algo para ti y es algo grande de verdad.
2. Estás decidido a descubrirlo y honrarlo.

Como tras la lectura de este libro las buenas preguntas serán una de tus herramientas favoritas, quisiera enseñarte cómo incorporar presuposiciones positivas en tus preguntas.

Por ejemplo, la pregunta cerrada «¿Puedo hacerlo?» no es muy alentadora, pues incluye la opción «no». Sin embargo, mejora como pregunta abierta: «¿Qué necesito para conseguirlo?». Después de esta reformulación lingüística, la presuposición es «lo conseguiré» y lo único que está en juego es el «cómo».

Te sugiero que revises cuáles son tus valores en este momento de tu vida. Recuerda que los valores cambian con el tiempo por la sencilla razón de que las personas cambiamos. Y después vamos a asegurarnos de que tu decisión está de acuerdo con ellos. A partir de este momento, si tu sueño respeta y honra tus valores, te convertirás en una apisonadora: nada en el mundo será más inevitable que su acontecimiento.

Tus valores son el *por qué* y con su impulso encontrarás el *cómo.* Muchas personas se obsesionan en el *cómo* y descuidan el *por qué*. Cuando en mis seminarios la gente me pregunta cómo pueden conseguir lo que desean siempre respondo que no lo sé y que ellos deberán descubrirlo. Les animo, sin embargo, a centrarse en el *por qué* quieren lo que quieren. Y una vez lo tengan claro, encontrarán el *cómo*.

Recuerda que cuando trabajas en tu sueño, en realidad estás manejando valores. Cuando identifiques los valores subyacentes de tu sueño, entenderás que el proceso de «tener» en realidad es «ser».

Para distinguir lo ordinario de lo extraordinario, deberías imaginar cada elección como si ya hubiera ocurrido y comprobar cómo te sientes con cada opción. Pruébate el futuro para saber cómo te sienta. Cierra los ojos y visualiza tu deseo como si fuera real ahora.

- Si disfrutas y no te cansa realizarlo.
- Si alegra tu vida como nada más lo hace.
- Si tu recompensa está en hacerlo.

… Entonces, supone tu más elevada aspiración. Si por el contrario:

- Supone un esfuerzo agotador.
- Llegas a preguntarte cuál es su sentido.
- Te cuestionas si vale la pena.

… Entonces, no estás en lo que ama tu corazón.

No estés donde no está tu corazón.

¿Has anotado tus valores? Si es así, comprueba si tu sueño es coherente con lo escrito. Vivir en un estado de coherencia significa que lo que hagas a partir de ahora no debería estar separado de lo que consideras importante y acorde a tus valores.

Algunas personas dicen que no saben qué quieren o cuál es su propósito. Mienten. O no han sabido buscar o se engañan. Tal vez lo que está ocurriendo es que de reconocer lo que más desean deberían tomar decisiones para conseguirlo o buscar excusas para no hacerlo. Hay otra razón y es dolorosa: admitir que no lo tienen.

Haz lo que amas

Haz lo que amas, he aquí la receta para la felicidad y prosperidad ilimitada.

Quienes no disfrutan con lo que hacen nunca se sienten felices. Están demasiado ocupados soñando despiertos con lo que les gustaría hacer. No prosperan; y si aun así lo hacen, nunca obtendrán lo suficiente para compensarles su dedicación a lo que en verdad no aman.

Se supone que deberíamos hacer aquello que hace latir nuestro corazón. Viniste a hacer conocido lo desconocido. Las personas que realizan sus deseos no pierden de vista su sueño. Siguen el rumbo de su corazón. Se centran en las causas sin impacientarse por ver los efectos. Una semilla no tiene que «aprender» a ser un árbol y el granjero tampoco trata de enseñarle cómo conseguirlo. Cada uno lleva a cabo su tarea tan bien como sabe.

Hay una gran verdad que deseo compartir contigo: cuando realizas aquello que amas, tu mayor remuneración está en hacerlo. Si disfrutas, prosperarás a todos los niveles. Si amas tu tarea, atraerás más cosas buenas de las que puedas imaginar. Porque la tarea de tu vida es algo más grande que el modo en que obtienes dinero. Significa un medio de vida pero va más allá: es un modo de vida.

De hecho, cuando realizas lo que amas no te hace falta ganar tanto dinero como cuando haces lo que no amas. ¿Por qué? Porque parte de tu recompensa está en hacerlo. Aun así, enfocarse en la pasión hace la vida más abundante y próspera que insistir en lo que carece de significado.

Si es tan sencillo, entonces ¿por qué pocos consiguen lo que buscan? La mejor respuesta que he encontrado a esta pregunta, es de uno de los mejores vendedores del mundo, Jeffrey Gitomer: «Todo el mundo quiere ganar, pero sólo unos cuantos lo consiguen realmente. Esto es porque la voluntad de prepararse para ganar debe ser superior a la voluntad de ganar». Impecable.

Hace años, leí el siguiente comentario de Robert T. Kiyosaki, autor de *Padre rico, Padre pobre*: «La falta de dinero nunca es el problema, sino el síntoma externo de un problema interno». Sus palabras me dejaron tan aturdido que decidí profundizar en ello.

Con lo que aprendí, escribí un libro: *Manual de Prosperidad* (Ediciones Obelisco), que refleja mi propia experiencia en la banca donde, por aquel entonces, yo trabajaba. Todo lo que tienes que hacer es comprarlo y leerlo. Vale adelantar que aprendí que la gente no tiene problemas con el dinero, sino con los «patrones mentales» acerca del dinero.

Me pregunté qué tenían en común las personas apasionadas por su labor y prósperas. Lo siguiente fue identificar la sintomatología de las personas que hacen lo que aman:

- Al levantarse, se entusiasman por lo que harán ese día.
- Disfrutan a diario, al margen de si es laborable o no.
- Enfocan su tiempo a lo que realmente importa.
- No piensan en retirarse, ni cuentan los días hasta el viernes.
- Ponen primero en su agenda la tarea más «ingrata».
- Usan la imaginación, no la experiencia.
- Siempre están activos, por ello disponen de más energía.
- Están enfocados al servicio.
- Son pacientes y disciplinados.
- No compiten, comparten.
- Dejan que sus actos y resultados «hablen» por ellos.
- Usan la pasión como combustible.
- No creen en la suerte, el destino, ni las casualidades.
- Nunca se lamentan o quejan.
- No sienten que la vida les deba nada, sino al contrario.
- Su inspiración inspira a otros.

Podría mencionar muchas más señales inequívocas, pero te garantizo que si te apuntas nada más que la mitad de las que mencioné, lo que deseas sucederá con absoluta certeza. Y rápido.

Haz lo que amas, la vida es demasiado corta para dedicarla a lo que no te inspira. Nuestro tiempo es limitado, pasa muy rápido. No es algo terrible, es la herramienta para aprovechar el tiempo concedido. Qué tal si cada día te preguntaras: ¿Si hoy fuera mi último día, qué haría con él?

Cuando acabes este libro me gustaría que te hallaras en un punto de inflexión y que vieras con meridiana claridad que tu vida es preciosa para ti y los que te rodean. Si pudiera pedirte algo sería esto: jamás abdiques de ti mismo y vive por lo que sientas que debes hacer.

Preguntas Frecuentes, Respuestas Inusuales.

Voy a compartir contigo una de las herramientas que mejores resultados me ha proporcionado en mi trabajo como *coach*. Tiene la cualidad de la eficacia. Es antigua como la civilización. Los filósofos y científicos la han utilizado. Me refiero al arte de formular buenas preguntas.

En el proceso de crear mi sueño, encontré algo mejor que respuestas: buenas preguntas. Tanto es así que la calidad de la vida depende de la calidad de las preguntas. ¿Nunca has pensado en formularte una pregunta cuya respuesta pudiera cambiar el resto de tu vida? Es lo que va a suceder si sigues leyendo este libro.

En chino, el ideograma de la palabra «pregunta» está compuesto por la suma de dos símbolos: el de «boca» y el de «puerta». Las preguntas, en la etimología china, son literalmente «puertas de letras». Interesante, da que pensar.

Veamos ahora seis cualidades de las preguntas poderosas:

1. Incitan respuestas de alta calidad.
2. Empiezan por: *¿qué, cómo, para qué...?*
3. Se orientan hacia la solución y no hacia el problema.
4. Se centran en el presente y no en el pasado.
5. Hacen pensar y activan los recursos internos.
6. Elevan el pensamiento a un nuevo nivel.

Byron Katie, excelente autora de superación personal, ama las preguntas: «Hay algo más importante que las respuestas, y son las preguntas». Las mentes inspiradas trabajan con preguntas, se interrogan constantemente. Y convierten el signo de interrogación en su herramienta. No se trata de tener buenas preguntas nada más, sino de las más adecuadas.

Las preguntas son una palanca para el cambio. Te llevan de la inconsciencia a la conciencia, de la ausencia a la presencia. En ocasiones, la respuesta no es tan importante como el pensamiento que generan. En esos casos, la pregunta es la respuesta.

Todas las preguntas que planteo a lo largo del libro son para ti, no están diseñadas para obtener información sino para generar un nuevo nivel de conciencia y también acción. Úsalas como un motor, pues para eso fueron concebidas.

Comprobarás cómo el ejercicio de la indagación creará un nuevo enfoque de tu realidad, generará un nuevo estado mental en ti y redefinirá el significado de tus experiencias pasadas. Formúlate también preguntas para desenmascarar mentiras disfrazadas de verdades. Mark Twain escribió: «Lo que causa problemas no es tanto lo que la gente ignora como lo que saben y no es verdad».

¡Ups!

La siguiente tarea de esta jornada consiste en concretar tu deseo. Te propongo explorar tu corazón con tres métodos diferentes:

1. Formular preguntas poderosas: el método de la indagación.
2. Observar lo que admiras en otras personas: el método de la proyección.
3. Escribir frases inconclusas: el método de las intuiciones escritas.

Veamos con detenimiento cada uno de ellos.

1. Formular preguntas poderosas: el método de la indagación

Te propongo un hábito que puede cambiar tu vida por completo: trabajar con preguntas. Una pregunta significa trabajar en lo que no sabes. El éxito depende más de lo que no sabes que de lo que sabes. Así que vamos a averiguar qué deberías saber para conseguir tus deseos...

Einstein afirmó que a las preguntas adecuadas le siguen respuestas acertadas. Vamos a comprobarlo. Lo que viene es una batería de preguntas poderosas diseñadas para elevar el pensamiento a otro nivel. Escríbelas en un papel. No trates de conseguir una respuesta inmediata. Mejor relájate y léelas varias veces. Deja que tus preguntas «floten» junto a ti y te acompañen durante días.

Puedes empezar a trabajar con estas preguntas de valor:

- ¿Qué parece imposible que, de ocurrir, cambiaría mi vida?
- ¿Qué es importante para mí?
- ¿Qué haría si no tuviera ningún temor a fracasar?
- ¿Qué es lo que realmente quiero?
- ¿Qué haría si el resultado estuviera garantizado?
- ¿Qué haría de mi vida algo muy diferente?
- ¿Qué echo de menos para sentirme realizado?
- ¿Qué haría con gusto por el resto de mi vida?

Ninguna es más adecuada que otra; sin embargo, alguna te «tocará» de un modo especial y señalará un lugar desde el que empezar a trabajar.

Tal vez, aún no seas consciente de las respuestas que se están armando a tu alrededor, pero el Campo de todas las posibilidades no tardará en mostrártelas con el lenguaje de las causalidades.

Adicionalmente, tengo cien preguntas poderosas para ti. Cien. Si deseas ampliar este tema, consigue tu ejemplar del libro *100 preguntas que cambiarán tu vida en menos de una hora*, de Raimon Samsó (Ediciones Obelisco).

2. *Observando qué admiras en otras personas: el método de la proyección*

Si el método de indagación te proporcionó cierta idea sobre qué te gustaría hacer con tu vida pero necesitas concretar, te propongo lo siguiente: piensa en las personas que más admiras por lo que hacen (o hicieron) en sus vidas. En otras palabras, busca un referente. Una estrella Polar. ¿Por qué? Porque lo que admiras, ya está en ti (aunque sin desarrollar).

Sin duda, lo que deseas está buscando el modo de manifestarse; otro asunto es que aún no hayas desarrollado cierta cualidad. Pero aun así, late en ti. De otro modo, no podrías reconocer *allá fuera* lo que antes no hubieras visto *aquí dentro*. Este fenómeno es lo que los psicólogos llaman «proyección».

Nadie te propone ser otra persona. Pero sí te animo a que te conviertas en «tu mejor versión» (v1.1, v1.2, v1.3 o como la llames). Una versión increíblemente mejorada de quien eres hoy. Te propongo crear tu gran proyecto (una vida llena de satisfacción). Otros lo hacen.

Palabra clave: referente.

¿Tienes ya algunos nombres en la cabeza?

No importa si conoces personalmente a tu referente o no, si vive en la actualidad o ya no. Su testimonio te recuerda que lo que tú deseas es posible.

Bien, ahora se trata de averiguar todo lo que puedas sobre esas personas. Lee sus biografías, ponte al día en sus actividades, investiga qué hacen y cómo lo hacen. Cómo empezaron, las cualidades que más les ayudaron ante las dificultades… Todo.

Como te dije, lo que admiras en ellos ya se encuentra en tu interior aunque en estado embrionario. Al enfocar en sus talentos, te pones literalmente en contacto con la parte de ti que posee esos mismos talentos que admiras y los activas.

Cuando cuentes con sólidos referentes te será mucho más sencillo tomar decisiones. Siempre que te halles ante una encrucijada, pregúntate cómo actuaría esa persona en esa misma situación:

- ¿Qué pensaría?
- ¿Cómo se comportaría?
- ¿Qué clase de decisiones tomaría?

Estas preguntas te evitarán tomar decisiones que *no deberías*.

En resumen: si alguien lo hizo antes de hoy, ¿para qué volver a inventar la rueda? El creador de Apple Computer, Steve Jobs, lo captó: «Conoce las mejores cosas que hayan hecho los seres humanos y trata de trasladar esas cosas a lo que haces tú». ¡Una idea pragmática!

3. Escribir frases inconclusas: el método de las intuiciones escritas

El tercer método consiste en completar las siguientes frases inconclusas propuestas.

Expresa lo primero que surja a través de la escritura. No te detengas a pensar, fluye al escribir. Escribe a chorro y luego, más tarde, ya analizarás lo escrito. Hazte a un lado, no pienses. Es un ejercicio para la intuición, no para la lógica. Tan sólo deja paso a la grandeza que desea expresarse a través de ti.

- De pequeño quería…
- Destacaba en…
- Hoy quisiera aprender a…
- Admiro en otros…
- Me atrae…
- No me cuesta nada…

- Me fascinaría...
- Dicen que soy bueno en...
- El tiempo vuela cuando...
- Mi afición secreta es...
- Cuando sueño despierto me veo...

Si te has aplicado los tres métodos, puedes estar seguro de que acabas de poner en funcionamiento la «factoría de los sueños». Su maquinaria ya está en marcha. Tu atención se ha focalizado, tu intención ha sido formulada y tus preguntas están planteadas. Desde este momento, permanece atento, ya que durante los próximos días tendrás noticias al respecto.

La Visión crea la Misión

Si aún no sabes en qué consiste tu propósito más elevado (misión), tu corazón no tardará en descubrirlo, porque el simple hecho de sostener este libro ya refleja tu intención de entregarte a ella. Los que leéis este libro sois líderes de vuestra vida, de otro modo no lo habríais adquirido ni os sentiríais atraídos por su contenido.

Ahora, imagina una vida «ideal» para, digamos, los próximos cinco años. Diseña en tu mente todos los detalles. ¿Qué aspecto tiene? ¿Cómo sería? Imagina un día tal que cuando llegue, puedas mirar hacia atrás y no reconozcas la persona que fuiste cinco años antes.

Acabas de crear tu visión, y tu misión consistirá en hacerla realidad.

- *Tu Visión* es la imagen mental de tu misión. Los ojos ven, la mente visualiza. El poder está en la mente, no en los ojos. Sostener la visión de lo que deseas es un acto creativo. Aprovecha el poder de la visualización, porque es una de las herramientas más poderosas con las que cuentas. Tu visión canaliza y dirige un poder más grande que el tuyo.
- *Tu Misión* es el desafío de descubrir quién eres en realidad; o mejor dicho, la persona que puedes llegar a ser. Refleja tus más altos valores, y honrarla te conduce al pleno significado. Exprésala por escrito para darle su primer aliento de vida. Tu misión constituye tu más elevado propósito para tu bien y el de todos los demás.

Sostener en todo momento la visión de tu misión te motivará y te inspirará ante las dificultades. Todos deberíamos nutrir la visión de la vida que deseamos.

Las personas líderes de sí mismas
sostienen la visión de su misión.

Piensa, vive y actúa como la persona que ya ha logrado su sueño y activarás la emoción asociada. Esa emoción actuará como el punto de atracción de tu sueño y lo creará en la realidad. Lanza un «rumor» sobre tu futuro, extiéndelo, y aguarda a que te llegue de nuevo convertido en tu oportunidad. Es decir: «Actúa como si...», compórtate como si lo que deseas ya hubiera sucedido.

Algunas personas olvidan su sueño. Pronto pierden de vista su misión. Subieron a un bote con el fin de alcanzar la otra orilla. Pero en medio de las vicisitudes del trayecto creyeron imposible su anhelo de alcanzar la otra orilla. Ahora las velas permanecen plegadas. Y mantenerse a flote es el único objetivo. En eso se va toda la energía. Y mientras, nunca llegan a ninguna parte... Ésta es una historia tan triste como frecuente. Espero que no sea tu caso.

Todos deberíamos entregarnos a una misión para satisfacción propia y el mayor beneficio de todos. Y nadie debería vivir una vida con la que no conecta. ¿Te imaginas un mundo en donde todos amaran aquello a lo que dedican su vida? ¡Qué sencillo sería vivir en medio de tanta satisfacción!

Declara tu propósito más elevado (tu misión)

La primera razón por la que una persona no consigue sus deseos se debe a no haberlos definido como misión. La segunda razón es no haber tomado compromiso alguno. La tercera, creer que con desear basta.

Imagina que estás participando en mi seminario «Cita en la cima»®, y que en ese entorno de estímulo mutuo te pido que escribas tu propósito más elevado en el reverso de tu tarjeta profesional. El poco espacio te obligará a concretar. Imagina cómo te sientes una vez lo has declarado por escrito. Ahora, ¿te gustaría compartirlo con otros? En un lado de la tarjeta tu nombre y en el otro tu misión. Genial.

Supón que pasa el tiempo y lo escrito es una realidad. ¿Cómo te sentirías? En resumen: escribe todo lo importante para ti. La escritura es muy poderosa. Hoy sabemos que el lenguaje, más allá de describir la realidad, literalmente la crea. La clave está en «pensar por escrito» (delante del papel).

Escribe tus valores. No me cansaré de insistir en que los valores personales constituyen la prioridad de las prioridades. Sobre ellos se apoyan la misión y la visión de una vida realizada.

Ya tienes una misión.

Puedes retocarla, pero en lo esencial permanecerá inalterable. Más tarde podrás ampliarla, redefinirla, modificarla, pero en lo fundamental no cambiará. Está abierta a enmiendas, como la constitución de un país, sin embargo su espíritu se mantiene inalterable. ¿Deseas convertirla en el eje de tu vida?

Un ejemplo de misión (la mía). ¿Verdad que querías un ejemplo real de misión?

> *«Aprender constantemente las mejores técnicas de desarrollo personal. A través de: introspección, cursos, libros, conferencias, audios, videos, experiencia. Y compartir con sencillez lo aprendido para impactar positivamente en la vida de cuantas más personas mejor y así ayudarlas a expandir su conciencia, aumentar su potencial y alcanzar el bienestar.»*

De lo que se deduce:

- No escribo libros de autoayuda, «desarrollo universos narrativos que conducen a las personas a alcanzar el bienestar».

- No imparto seminarios de motivación, «comparto experiencias vivenciales que el alma no olvida».
- No ofrezco consultoría terapéutica, «libero talentos infrautilizados para producir sueños».
- Y lo principal, mi misión sostiene una visión: un mundo mejor.

El escultor Henry Moore dijo algo que me hizo pensar: «El secreto de la vida está en tener una tarea, algo en lo que poner el alma. Y lo más importante es que debe ser algo que sea imposible de hacer». Esta pregunta es para ti: ¿Qué te parece hoy imposible que si pasara de pronto a ser posible cambiaría por completo tu vida?

¿Sabías que las personas estamos programadas para cierto nivel de éxito? Incluso tenemos programaciones sobre la cifra de dinero que podemos ganar. Suena increíble pero es verdad. Por encima de cierta cantidad cuesta imaginar algo más grande.

En mi seminario intensivo «Cita en la cima»®, revisamos los «patrones mentales» sobre todos los límites. Y pido a los asistentes que suban el listón: ¡que disparen a las estrellas! El entusiasmo se apodera de la sala cuando los participantes comprenden que un patrón mental siempre se puede cambiar.

Repasemos ahora tu misión para comprobar su solidez. Te ofrezco doce pautas (y media) para su enunciación:

1. Incluye verbos de acción.
2. Formúlala en término positivos.
3. Conságrala al servicio de los demás.
4. Enfócate en lo deseado, no en evitar lo no deseado.

5. Ahorra palabras innecesarias o redundantes.
6. Construye frases cortas y evita palabras ambiguas.
7. Incluye fechas y plazos de cumplimiento.
8. Al explicarla, que se entienda.
9. Sé concreto y específico: se resume en pocas frases.
10. Que esté al servicio de tus valores más importantes.
11. Que sea ecológica con el resto de tus valores.
12. Es manejable por ti, es posible y es ambiciosa.

½. Te divierte, te apasiona.

Durante esta jornada únicamente debes ocuparte de *qué* deseas y no de *cómo* lo conseguirás, a eso ya llegaremos.

Escribir tu propósito es sólo el primer paso. Lee lo escrito. Escucha cómo suena en tu propia voz y advierte cómo te sientes cuando lo declaras.

Una vez has establecido tu propósito más alto, lo que equivale a establecer un compromiso contigo, todas las decisiones y acciones que tomes deben encajar. Vivir de acuerdo con tu misión te ayudará a elegir entre lo que se te ofrece a cada momento. Elegir es sencillo cuando utilizas la pregunta: *¿Mi elección me acerca o me aleja de mi propósito de vida?*

Cuatro preceptos a tener en cuenta

El Dalai Lama dijo en cierta ocasión que nuestro cometido es ser felices. Y yo le creo. ¡Aleluya! ¿Verdad que es una meta magnífica?

Mi anterior libro, *El Maestro de las cometas*, cuya temática está relacionada con la presente obra, consiste en una fábula inspiradora sobre atreverse a «vivir por un sueño».

El protagonista concluye lo siguiente:

1. Todo corazón alberga un profundo deseo y, al mismo tiempo, posee la llave que lo abre a la realidad. Las preguntas implican respuestas; y para conocerlas, requiere un nuevo nivel de conciencia. Entregar tiempo y energía a lo que ama el corazón conduce a ocupar el justo lugar en la creación y conocer el sentido de la vida.
2. Cuando se combina el talento con una determinación a toda prueba, el logro está asegurado sin importar cuánto pueda tardar. La persistencia es confianza en acción abriéndose paso a través de las dificultades; o mejor aún, al margen de ellas. La paciencia es la cualidad de quien confía sin importarle el cuándo.
3. La vida entera aguarda la intención del soñador. Una vez éste la manifiesta, apoya a los valientes de espíritu organizando oportunidades. En el universo, las fuerzas que hacen que un deseo se convierta en una realidad son: a) la intención comprometida, b) la atención enfocada y c) la acción creativa.
4. Los medios y las oportunidades se revelarán en su justo momento sin que pueda llamarse suerte o azar. El momento oportuno es aquel en que las oportunidades no van a malograrse ni desaprovecharse. Lo que ocurre en los planos sutiles –no visibles a los ojos– determina lo que ocurre en el plano material. Lo invisible sostiene lo visible.

¿Qué ha hecho de Starbucks, con una proyección de cuarenta mil locales, la mayor cadena de cafeterías del mundo? Lee el libro de su creador Howard Schultz, *Pon tu corazón en ello* (VS ediciones), y descubrirás cómo empezó. Es una de las historias de éxito más impresionantes de las últimas décadas. El ejemplo de que una empresa se puede dirigir con corazón, tener alma y dar beneficios. Quizá porque comparto esa misma filosofía, he escrito parte de este libro en diferentes cafeterías de la cadena de mi ciudad.

Pasión y compromiso en el servicio. Es la era de los negocios «corazón-a-corazón». O te apuntas a la pasión ahora o no lo haces.

Pon tu foco de atención en lo que amas, dale prioridad al servicio y tendrás el éxito garantizado. No he olvidado el consejo que recibí: «Concéntrate en qué ofreces más que en lo que obtienes. Si añades utilidad a las vidas de otras personas, el éxito del proyecto está garantizado. A las personas les gustan la pasión y el servicio».

Sigue los pasos de tu corazón. Le puedes decir a tu mente qué debe pensar, pero no le puedes decir a tu corazón lo que debe amar. Ve adonde te lleve el corazón, exprésate con sus palabras, actúa desde su sabiduría. Es el centro de tu universo. «¿Tiene este camino un corazón? Si lo tiene, el camino es bueno; si no lo tiene, no sirve». No lo escribí yo, lo hizo Carlos Castaneda.

Abraza tu propósito con compromiso y devoción, ¿qué más interesante podrías hacer con tu vida? Si lo haces, conseguirás mucho más de lo que soñaste. En palabras del escalador W. N. Murray: «En el momento en que uno se compromete, la providencia también hace un movimiento». Él subió a su cima. Y lo que transmiten sus palabras es algo tan antiguo como cierto: tu compromiso reestructura todo el universo.

Cuando pones pasión en tu tarea, ésta se convierte en un negocio rentable. La pasión por el servicio da beneficios. Pero si sólo piensas en ganar dinero, te aseguro que se convertirá en algo realmente complicado. No espero que estés de acuerdo con esto al cien por cien, pero considéralo al menos. El dinero es el efecto, recuérdalo, y enfocarte en él obstaculiza las causas.

Añade pasión y servicio a tu misión, formúlate algunas preguntas del estilo: ¿Qué me pide la vida? Y no a la inversa: ¿Qué le pido a la vida? La idea básica es: el universo no nos debe nada. Ya hizo cuanto estaba en sus manos: darnos la vida. John F. Kennedy hizo famosa esta frase: «No te preguntes lo que tu país puede hacer por ti, pregúntate qué puedes hacer tú por tu país», y puso a una nación entera en pie.

Ahora es nuestro (tu) turno.

El poder de la palabra escrita

La mejor sugerencia que puedo hacerte, y no por ser escritor, es ésta:

Pon por escrito todo lo importante en tu vida.

Hoy sabemos que la palabra no se limita a describir la realidad, literalmente contribuye a crearla. ¿Cómo? Vivimos en un mundo de vibración donde las frecuencias iguales se atraen. La palabra contiene la vibración de lo nombrado. Sencillo, ¿verdad? La escritura hace que lo escrito penetre en la conciencia, la empape y atraiga su complementario material. La palabra escrita es un decreto que cristaliza el pensamiento, lo hace tangible, específico y lo «solidifica».

Decreta tu mayor bien por escrito y bendecirá tu vida.

El mejor regalo que puedes hacerte a ti mismo es un pequeño bloc de notas y usarlo para «pensar por escrito». Escribir, es una metáfora, otorga a lo escrito el aliento de la vida.

Pásalo de la cabeza al papel antes de que quede en el olvido. ¿No pones por escrito los contratos que firmas? Una compra, un alquiler, un trabajo, el matrimonio y hasta la partida de nacimiento se ponen por escrito. Y ¿qué hay de tus sueños? ¿Hay algo más importante que eso? ¿Por qué no los pones por escrito entonces?

Te sorprendería descubrir cuántas cosas puedes crear poniéndolas por escrito. Las cosas se crean tres veces:

1. En la mente.
2. En el papel.
3. En la realidad.

Hazlo posible en el papel; una vez es una posibilidad, sólo queda hacerlo real. Suena sencillo, ¿verdad?, aunque no fácil. No importa, hazlo de todos modos.

Aunque suponga un gran trabajo.
Aunque nadie te entienda.
Aunque tarde tiempo.
Aunque sea arriesgado.
Aunque se te acabe la paciencia.
Aunque sea una locura.
... Precisamente por eso vale la pena.

Una vez lo has creado en tu mente, sólo necesitas los medios para crearlo en la realidad. Pero puedo asegurarte que esto último es la mitad, o incluso menos, del total. Cuestión de detalles...

Cómo tomar buenas decisiones

Desde que nos levantamos hasta que nos acostamos tomamos decisiones y hacemos elecciones. La mayoría de las veces de un modo inconsciente o automático. Dado que la mayor parte de esas decisiones son de pequeña envergadura, no les damos importancia.

Pero:

La suma de muchas pequeñas decisiones establece una gran diferencia en el tiempo.

El día de hoy sintetiza hoy todas las pequeñas decisiones que tomaste con anterioridad.

Subir a la cima requiere tomar muchas decisiones con información insuficiente. Pero acuérdate: lo que decidas a partir de ahora debería tener en cuenta esta sencilla pregunta: ¿esta decisión me aleja o me acerca a mi deseo? Lo que decidas debería orbitar alrededor de tu misión. Y si una elección no se corresponde con ella, deberías descartarla. En realidad, es tan sencillo como poner al lado de tu misión lo que se te ofrece en cada momento. Y comprobar si encaja o no.

En mi libro *El Maestro de las Cometas*, el protagonista, un joven aspirante a Lama, recibe un extraño libro: *Método de vuelo para pequeñas cometas y grandes sueños*, un volumen que encierra las respuestas a todas sus preguntas, y que se reescribe cada noche. ¿Te gustaría poseer un libro así? La respuesta es evidente. Claro, a quien no. Pues tengo noticias al respecto: existe y está guardado en tu corazón.

Si tomas una decisión pero dejas que transcurra algún tiempo hasta que pasas a la acción, ocurrirán dos cosas. Una: que te desanimarás; y dos: no harás nada al respecto.

Déjame ayudarte en esto. Voy a revelarte un pequeño truco que me funciona de maravilla: cuando tomes una decisión, sella ese compromiso con una acción inmediata ese mismo día o al siguiente. No importa que se trate de una acción insignificante, lo que importa es saber que tu decisión ya ha empezado a ocurrir y no tiene vuelta atrás. Séllalo.

Palabras clave: acción inmediata.

Si deseas ampliar el tema de cómo tomar decisiones, lee: *Antes de tomar una decisión en su vida, hágase estas preguntas*, de Debbie Ford (ed. Urano). La autora propone una batería de diez buenas preguntas para cuando debas tomar una decisión:

1. ¿Lo elegido te da poder personal o lo niega?
2. ¿Eres capaz de defender tu elección?

3. ¿Reafirma tu autoestima?
4. ¿Te conduce a la paz o al conflicto?
5. ¿Tu decisión respeta tus valores y los incorpora?
6. ¿Lo elegido nutre tu energía o la consume?
7. ¿Decides desde el amor o desde el temor?
8. ¿Tu resolución refleja crecimiento o estancamiento?
9. ¿Genera satisfacción a largo plazo o sólo gratificación inmediata?
10. ¿Te conduce a lo deseado o te mantiene en lo de siempre?

Finalmente, dos consideraciones a tener en cuenta: a) si una decisión no te conduce a ninguna parte, cambia tu estrategia, pero no tu determinación de llegar a donde te diriges; b) no debemos aspirar a que todas las opciones se mantengan abiertas porque eso es tanto como no elegir nada.

El universo holográfico y correlacionado

La holografía es una técnica capaz de crear una imagen en tres dimensiones en donde la placa o «patrón de interferencia» contiene toda la imagen completa. Un detalle sorprendente: si se trocea el «patrón de interferencia» y se ilumina una parte con luz láser se reproduce la imagen entera. El holograma contiene, en cada una de sus partes, la totalidad.

La conciencia hace algo similar: elabora el súper holograma de la realidad. Es como si cada uno de nosotros creara la realidad a cada instante y acto seguido lo olvidase.

El pensamiento, de efectos similares a un haz de luz láser –enfocado, coherente, unificado– crea la realidad.

El comportamiento holográfico de la mente ha conducido a los científicos a opinar que la mente traspasa los límites físicos del cerebro. Cada vez está más extendida la creencia de que la mente no está en el cuerpo, más bien es el cuerpo el que está en la mente.

El comportamiento holográfico del Campo entraña que cualquier información está a la vez en todas las partes al mismo tiempo y, por tanto, es accesible en cualquiera de ellas. Ninguna intención en el pensamiento puede dejar de conmover en lo más profundo la mente del cosmos.

Los físicos cuánticos hablan del universo de correlaciones, donde cada parte del todo está inmersa en un continuo *diálogo* con el resto. Todo mantiene un diálogo con todo. Una «conversación» que hace que ambas partes existan. Dicho de otro modo, si no interactuáramos con el mundo, éste no existiría; pero, y esto es lo más sorprendente, ¡nosotros tampoco!

En el mundo cuántico, cada partícula está conectada, a través del Campo, con el resto del cosmos. Dentro del universo cuántico las cosas ocurren en un lugar y en todos a la vez. Cada acontecimiento posee la propiedad de no localidad: lo que sucede en un rincón del universo influye en todo el cosmos.

Pero hay más.

La cualidad de la no localidad hace posible la influencia de una partícula sobre cualquier otra con la que ha estado en contacto. Por ejemplo, cuando dos personas establecen una fuerte sintonía, en cierto modo, siempre estarán «unidas» y se influirán de algún modo. Es como si dejaran de creer en la separación.

Bajo este nuevo paradigma, no tiene sentido referirse al soñador o a su sueño como cosas diferenciadas. El simple acto de observar el mundo lo modifica por medio de la atención y la intención del observador; sin que pueda hablarse de un *ahí fuera* al margen del *aquí dentro* más que como una ilusión de los sentidos. Wallance D. Wattles en su «La ciencia de hacerse rico» (Ediciones Obelisco) escribió hace cien años: «No te olvides ni por un momento que la sustancia pensante actúa a través de todo, en todo, comunicándose con todo, y puede influir en todo. Las personas pueden formar imágenes en su pensamiento y, al formar esta impresión pueden crear lo que desean. Para llevar a cabo este proceso, hay que pasar de una mente competitiva a una mente creativa.»

El orden implicado nos invita a mirar el mundo con ojos nuevos donde todo está comprometido con todo. Cuando lo comprendes ya no puedes volver a creer en un mundo de separación.

¿De verdad crees que hay algo que no puedas conseguir en semejante escenario?

(?) Tres preguntas que pueden cambiar tu vida:

1. ¿Qué es ahora realmente importante para mí?
2. ¿Qué haría si tuviera los resultados garantizados?
3. ¿Cuál es mi mayor talento y cómo puede ser útil a otros?

(!) Tres tareas para la acción inmediata:

1. Piensa en tres personas que hayan conseguido lo que tú deseas. Pregúntate: ¿Cómo hacen lo que hacen?, y ¿cómo puedo mejorarlo y hacerlo a mi modo? Sostén la inspiración de su ejemplo. Busca en tu librería favorita, o en internet, las memorias y autobiografías de las personas que creyeron en su visión y en su misión. (Siempre me han gustado los testimonios de primera mano.) Empápate de la convicción a toda prueba que les condujo a su meta. Lee sobre su vida, o mejor trata de comunicarte con esa persona para preguntarle cómo empezó y qué le ayudó. Mantén la motivación de su ejemplo como tu Estrella Polar y a la vez no olvides ser genuino.

2. Si debes tomar una decisión y dudas entre dos o más elecciones, visualízate tomando cada una de ellas y atiende a cómo te sientes con cada alternativa. «Pruébate» el futuro y comprueba cómo te sienta. Escucha que dice tu corazón al respecto. Sigue su dirección y no te arrepentirás.

3. Crea la visión de tu sueño tan detalladamente como te sea posible. Escribe el diario de una jornada ideal con todo detalle. Recrea esa visión a menudo en tu imaginación. Entra en tu visión a diario. Proyéctala en tu imaginación con el máximo de detalles. Dibújate a ti mismo haciendo lo que más amas. Trata de percibir por anticipado cómo te sentirás cuando sea

una realidad. Es el sentimiento lo que lo atraerá hasta la experiencia. Concéntrate en la emoción que deseas sentir, no en lo que deseas conseguir. Actúa *«como si…»*. Actualiza, al momento presente, la emoción de conseguirlo y vívelo como si fuera una realidad. (El presente crea el futuro, pero el futuro también puede crear el presente.) Después, redacta por escrito la misión de tu vida. Es tu «constitución personal». Ten presente tus valores al redactarla y, una vez la tengas, haz que tu vida gire en torno a ella.

(✔) Una idea para resumir:

Tus valores definen lo que es importante para ti en la vida y por esa razón son el viento que hincha tus velas. Si lo tienes en cuenta y te encaminas en esa dirección, sólo es cuestión de tiempo que llegues a donde te diriges.

Tercer día: ¿Cuál es el nivel al que me sentiría orgulloso?

«Cada uno de nosotros es en verdad una idea de la Gran Gaviota, una idea ilimitada de la libertad, y el vuelo de alta precisión es un paso hacia la expresión de nuestra verdadera naturaleza.»

Richard Bach en *Juan Salvador Gaviota*

Trasciende tus límites

Vincent van Gogh afrontó su primer intento de obra maestra, *The potato eaters*, tras tomar el siguiente compromiso: «He de pintar lo que aún no soy capaz para así aprender cómo hacerlo». La clase de pensamiento que posee la audacia de la ausencia total de limitaciones. Éste es el nivel al que me gustaría conducirte durante esta jornada.

Idea básica: un límite es el síntoma de un miedo, y un miedo es una creencia deformada de la realidad.

Resulta que aquello en lo que crees es lo que se convierte en tu siguiente realidad.

Pero ¿cómo deshacerse de una limitación? ¡Ignorándola! Matándola de aburrimiento. Lo digo completamente en serio: no hagas ningún caso si alguien dice que esto o aquello no puede hacerse. Señálale un límite a un niño y lo conservará por el resto de su vida. Los límites sobreviven en las mentes que aceptan límites. Los atletas rebajan sus marcas porque no creen en los límites. Colón descubrió un continente porque ignoró los límites.

Después de un seminario alguien me preguntó: ¿Cómo puedo identificar mis límites? «Examina tus creencias –le respondí– y conocerás las reglas de tu vida. Tus reglas no escritas establecen a cada momento lo que te es posible y lo que no. Eres libre de creer lo que quieras. Y en base a tu libertad, también puedes cambiar tus reglas». Al cabo de unos meses, me escribió desde Inglaterra: había iniciado un prometedor negocio allí. Final feliz.

Me gusta recordar que no hay problemas imposibles sino mentalidades imposibles. Más allá, el problema simplemente no existe. Es lo que llamo ser más grande que el más grande de los problemas. Crecer por encima del problema para dejarlo atrás. En realidad, ¡tu tamaño –y no el del problema– es lo que cuenta!

Es momento de preguntarte si deseas jugar a un juego más fuerte para el cual deberás trascender tus techos de cristal. ¿Te interesa? Este libro pretende sacar a la superficie toda tu grandeza. Sé que muy pocas personas te habrán animado «a ser grande» de veras, pero mi trabajo es justamente ayudarte a ello.

Seleccioné diez buenas preguntas para desatar «la mejor versión» de ti.

1. ¿Cuál es el mayor resultado que puedes imaginar?
2. ¿A qué nivel el éxito sería definitivo?
3. ¿Hasta dónde deseas llegar?
4. ¿Dónde estarías orgulloso de ti?
5. ¿Qué es lo que te retiene?
6. ¿En qué piensas en pequeño?
7. ¿Qué es lo que te pides? ¿Y lo que no?
8. ¿En qué no alcanzas tu máximo?
9. ¿Dónde puedes ampliar tu esfuerzo para conseguir el doble?
10. ¿En quién te *convertirás* cuando lo hagas real?

Amplia tu juego, sube el listón, señala algo más grande. Por favor, éste es un asunto que no debería guardarse en el museo de los sueños por cumplir. Juega para ser grande el resto de tu vida. Creo, sin miedo a equivocarme, que aún no has soñado tus sueños más grandes. Todas las personas que han usado la palabra «imposible», tarde o temprano, se ha demostrado que se equivocaron.

Vayamos un paso más allá. ¿Has pensado cuál sería un «resultado de escándalo»? Imagínalo tan grande como puedas y haz girar tus días entorno a esa visión. Si puedes imaginar un nivel de logro en el cual ya no hay problema, las siguientes tareas desatarán el genio que hay en ti:

1. Desempolva una habilidad infrautilizada.
2. Reconoce una vieja incoherencia.

3. Prueba una estrategia nueva.
4. Mejora tu mejor habilidad.
5. Trasciende para siempre tu peor dificultad.

Pídete el doble. Eleva tu sueño a su máximo tamaño. Por ejemplo, puedes: «ganar el doble», «disfrutar el doble», «disponer del doble de energía», «conseguir el doble de tiempo libre»… ¿a qué nivel te sentirías orgulloso de ti mismo?

Mi consejo: amplia el sueño, conviértelo en una experiencia completa. Sabrás que el tamaño de tu sueño es adecuado si imaginarlo te deja sin respiración.

La impaciencia, un síntoma de desconfianza

Reconozco que hubo un tiempo en el que creía que la impaciencia formaba parte de mi carácter. O de mis genes. O de mi carta astrológica. No fue hasta bien tarde, cuando aprendí que la impaciencia significa ¡una falta severa de confianza! En mis días de adolescente, vivía sumido en la impaciencia por casi todo. Recuerdo que necesitaba ver las cosas cuanto antes, porque si no las veía, no podía creer en ellas. Años más tarde, descubrí que la impaciencia es el deseo de llegar al resultado sin querer pasar por el proceso que conduce a él. Así de simple.

Con el tiempo, he aprendido a moderar mi impaciencia; es decir, a disolver mi desconfianza. De hecho, ahora, cuanta más confianza muestro, más rápido sucede todo en mi vida. Me gusta creer que si fuera capaz de generar confianza absoluta, al cien por cien, mis deseos se cumplirían ¡al instante! Por el momento, y con el actual grado de comprensión, debo aceptar cierto tiempo entre la formulación de un deseo y su cumplimiento.

He comprobado que el tiempo que las cosas se toman para suceder es siempre el adecuado, al margen de las exigencias de nuestra agenda. E incluso entendí por qué no suceden ciertas cosas. Con la perspectiva del tiempo, ¡cuántas veces me he alegrado que algo no ocurriera!

– ¿Qué es más importante la dirección o la velocidad?
– La dirección. Pero ¿cuánto tiempo tardaré en llegar?
– El necesario. Ni un segundo más, ni un segundo menos, pues fuera de ese preciso instante el logro ¡no es posible!

El concepto de «momento perfecto» puede parecer una noción un tanto extraña. Nada de eso, se trata de física de última generación. ¿Que un segundo no tiene importancia? Pues sí que la tiene. En el mundo subatómico de las partículas elementales, la tiene. Una simple diferencia infinitesimal de tiempo en un evento cuántico haría imposible la materia y también las reacciones químicas que dan origen a la vida.

Los científicos lo llaman el «ajuste fino» en la génesis del universo. Si tras el big-bang la velocidad de expansión del universo hubiese sido una mil millonésima mayor o menor de lo que fue, hoy no estaríamos aquí hablando de ello. Gracias al «ajuste fino», el universo es sólido y no una mezcla de radiación y gas. El mundo material existe porque las partículas elementales siguen el ritmo del momento justo, ni una milmillonésima de segundo antes ni una milmillonésima de segundo después.

El tiempo cuenta.

¿Cuáles son tus miedos?

Permíteme contarte algo que aprendí cuando obtuve el permiso de conducir. Recuerdo que tras el examen teórico, el profesor nos preguntó uno a uno si habíamos tenido dudas. La pregunta parecía absurda pero como era un profesor muy experimentado, me tomé en serio su pregunta y tras reflexionar, respondí con un categórico «sí». «¿Las resolviste?», me preguntó. Mi respuesta volvió a ser afirmativa. Algunos compañeros indicaron que no habían dudado. A estos últimos les informó de modo tajante que iban a suspender la prueba. Ni siquiera comprobó sus respuestas. Y no tardamos en confirmarlo: los que resolvimos dudas, aprobamos. Los demás, suspendieron.

La lección que aprendí es: dudar es un síntoma de inteligencia; seguir avanzando, a pesar de las dudas, es un síntoma de sabiduría.

Sea cual sea el reto, no podemos contar con la seguridad absoluta, y negar la duda sólo puede empeorar las cosas. Aquellos que no aceptan la posibilidad de equivocarse incluso se equivocan más. Hay estudios sobre eso. Las opiniones «cien por cien seguras» tienen un margen de error del 15 por 100.

Lo que sigue es una eficaz técnica para «ver» tu pensamiento. En los años sesenta, Tony Buzan desarrolló el concepto de «Mapa Mental», que es una representación visual, esquemática, global y sintética del pensamiento.

Los mapas mentales son ideales para pensar. Y muy útiles en los procesos de desarrollo de nuevos proyectos, en el estudio, la memorización y para la solución de problemas. Permiten ver globalmente, y lo que es todavía mejor: obtener ideas a partir de ideas.

En mi opinión, ningún estudiante debería permitirse el lujo de prescindir de esta poderosa herramienta. Estoy convencido de que yo mismo habría mejorado mi calificación media en la universidad de haberla conocido y usado entonces.

¿Deseas experimentar con tu primer Mapa Mental? Vamos allá.

Coge una hoja de papel, colócala en horizontal y en el centro escribe la palabra que sintetice tu tema. Por ejemplo, «mis miedos». Ahora rodéala con un círculo, ya tienes un tema en el que trabajar. Desde ese foco de atención, irradia flechas con todo lo que te surja. Usa colores, imágenes, palabras clave…

Cuando tengas identificados todos tus miedos, obtendrás una visión global de la cuestión. ¿Puedes comprender el efecto que causan en tu vida?

Bien, ahora es el momento de cuestionarlos uno por uno. ¿Deseas mandar todo eso al «museo de antiguas creencias y limitaciones»? Cuestiona lo anotado con cuatro preguntas poderosas (del método *The Work*, de Byron Katie):

1. ¿Es completamente cierto?
2. ¿Cómo sé que es cierto?
3. ¿Cómo es mi vida con esa creencia?
4. ¿Cómo sería mi vida sin esa creencia?

Un mapa y cuatro preguntas. Te acabo de ofrecer las mejores herramientas que conozco. Con eso basta para comprender el pensamiento. Aunque la comprensión por sí misma no implica cambios. Si de verdad quieres cambios en tu realidad, actúa.

Miedo al éxito

Con frecuencia los humanos negamos aquello que posee el don de la transformación y constituye nuestro mayor bien. Se me ocurre una razón para semejante paradoja. Y se resume en la creencia de que el éxito puede estropearte como persona. Si se te ha pasado alguna vez por la cabeza, convendría diferenciar qué entiendes por popularidad y qué por éxito. Conozco a muchas personas de éxito en su campo que permanecen en el anonimato absoluto. Ni el dinero, ni el éxito estropean a nadie, tan sólo amplifican los rasgos que ya estaban en cada uno.

Profundicemos.

Las mayores motivaciones de las personas se pueden resumir en dos estrategias: el deseo de ganar y el temor a perder. ¿Tu motivación focaliza en lo que deseas evitar o en lo que quieres lograr? Si tus pensamientos se centran en la preocupación, el pesimismo y el temor, no importa cuántos libros de motivación leas, nada bueno puede ocurrir. No conozco ninguna persona de éxito en su campo que sostenga actitudes negativas o se centre en lo que no quiere.

Hace mucho, yo era de los que creían que si me preocupaba lo bastante por algo, no ocurriría. Ignoraba la ley de resonancia cuyo poder hace que las vibraciones semejantes se atraigan. La preocupación atrae situaciones preocupantes. Concluí que los pensamientos negativos son un lujo que no puedo permitirme.

¡Entra en el sueño de tu vida! Despierta a tu mayor sueño. Las personas que se atreven a vivir por un sueño tocarán el corazón de otros en su círculo de influencia. Depositarán en los corazones de otros una semilla que les inspirará, a su vez, a trabajar en sus propios sueños. Mostrarán que es posible, y entonces ¡el resto sabrá que también puede hacerlo!

¿Miedo al éxito? El miedo al éxito es equivalente al amor al fracaso. Mi mayor miedo consistiría en descubrir algún día que nunca he vivido. O como dice J. Jaworski (autor de *Sincronicidad*): «La gente no tiene miedo a morir; tiene miedo a no haber vivido, a no haber considerado el más alto propósito de su vida».

Las personas que saben quiénes *son* no le temen a nada. Pero cuando se olvidan de su potencial ilimitado sufren por todos y cada uno de sus miedos. La siguiente cita del doctor Wayne W. Dyer, de su libro *Inspiración: encuentra tu verdadera esencia*, es un contundente recordatorio de quiénes somos: «Vive unido al espíritu. Procedes del mundo espiritual, y para estar inspirado debes parecerte más a aquello de lo que procedes. Debes vivir de tal manera que te asemejes más a Dios». Sólo por escribir esto, admirado Wayne Dyer, seremos «amigos» para toda la vida.

¿Involucrarse o comprometerse?: la gran diferencia

Algunas personas están involucradas en su propia vida pero no están comprometidas con ella. Hay una gran diferencia.

La persona promedio cree que sus experiencias se deben al azar. Piensa que las cosas simplemente suceden y que lo único que puede hacer es reaccionar de la mejor manera posible. Es el actor pero no el director de su propia obra. Cree en el destino, la suerte, o tal vez en el karma. Ignora que *ella* es su propio destino.

Estoy seguro de que eres consciente que la palabra «compromiso» es muy rara en nuestros días. Brilla por su ausencia en muchos vocabularios. Pero a mí me encantan estas dos palabras: compromiso total. El significado espiritual que le doy a esta palabra es «acuerdo». Y cuando el alma establece un acuerdo con el universo, éste cumple con su parte.

Si llega el día en que tu corazón no está al cien por cien en lo que haces, quizá ha llegado el momento de preguntarte si pones tu tiempo y energía donde no debes.

Las personas que no consiguen sus metas no es por falta de talento, sino por su bajo nivel de compromiso. Las personas que no se comprometen tienen problemas.

Analogía: el nivel de compromiso marca la diferencia entre avanzar a la velocidad de un caza supersónico o a la del viejo «seiscientos».

Lo que he comprobado es que las personas comprometidas piensan de un modo diferente que las personas involucradas. Éstas son algunas de las diferencias en los patrones mentales que ambos grupos de personas manejan:

- Las personas comprometidas crean sus circunstancias; las involucradas las sufren.
- Las personas comprometidas nunca se sienten víctimas; las involucradas siempre se sienten responsables.

- Las personas comprometidas aprenden constantemente. Las involucradas creen que ya saben cuanto hay que saber.
- Las personas comprometidas no participan en el «juego de la culpa» en el que las involucradas son auténticas profesionales.
- Las personas comprometidas sacan fuerza de su compromiso. Las involucradas necesitan motivación externa constante.
- Las personas comprometidas viven satisfechas. Las involucradas están tan insatisfechas que necesitan muchas compensaciones.
- Las personas comprometidas se centran en qué ofrecen. Las involucradas se centran en qué obtienen.
- Las personas comprometidas avanzan por encima de sus dificultades. Las involucradas se detienen ante el mínimo inconveniente.
- Las personas comprometidas generan soluciones; las involucradas, problemas.
- Las personas comprometidas creen en lo que creen. Las involucradas buscan confirmación de lo que les gustaría creer.
- Las personas comprometidas se relacionan con personas también comprometidas. Las involucradas se mezclan con personas igualmente desmotivadas para poder quejarse.
- Las personas comprometidas actúan antes de descubrir cómo conseguir lo que desean. Las personas involucradas aguardan a conocer todos los «cómo» antes de empezar.

- Las personas comprometidas nunca utilizan palabras absurdas como: «difícil» o «fácil». Las involucradas usan esas etiquetas y eligen siempre lo «fácil».
- Las personas comprometidas piensan en grande y actúan en consecuencia. Las involucradas piensan en pequeño y actúan con insuficiencia.
- Las personas comprometidas buscan el logro y se dirigen a él. Las involucradas evitan la pérdida y huyen de ella.

En definitiva, piensan de un modo diferente, saben cosas distintas y actúan a otro nivel. No es de extrañar que sus resultados difieran enormemente.

El logro interior

El concepto de «juego interior» es una de las enseñanzas más valiosas que he recibido mientras trabajaba en construir mi propio sueño. Con ese nombre o con otro, de manera consciente o no, es un concepto manejado por deportistas de élite, empresarios de éxito, artistas de talento y personas altamente efectivas en su vida y profesión.

Por extraño que parezca, algunas personas se derrotan a sí mismas. Y los entrenadores deportivos saben que las derrotas se producen en «el juego interior».

El concepto de «juego interior» fue acuñado por Timothy Gallwey. Como buen entrenador, él sabía que el logro interior es previo a la consecución de la meta, no sólo en el ámbito deportivo, sino también en el personal y profesional.

Cuando asistimos a una competición deportiva, en realidad estamos presenciando dos juegos: consigo mismo –lo libra cada participante en su interior– y con el oponente –se refleja en el marcador–. Los deportistas saben que para subir al podio, es preciso ganar antes «el juego interior» (suele ser el más duro). Es lo que se conoce en el mundo del deporte como desarrollar «mentalidad ganadora». Hoy los deportistas de alto rendimiento se apoyan en psicólogos para crear una mentalidad ganadora.

Nadie concibe un equipo o un deportista sin entrenador. Sin embargo, a nivel personal, pocas personas solicitan la ayuda de un *coach* personal, aun tratándose de un asunto mucho más importante.

Cuando elijas tu *coach* sé selectivo. Examina su calificación no en base a sus títulos, certificados y diplomas, sino en función de su nivel de excelencia en su sector. ¿Contratarías a un fracasado para ayudarte a conseguir el éxito?, ¿y a una persona arruinada para planificar tus finanzas? Por supuesto que no: buscarías a alguien que fuera rematadamente bueno.

Mi consejo: antes de elegir tu *coach*, tu mentor o tu terapeuta, indaga, escucha qué dice su entorno: la realidad nunca engaña. Parece obvio, pero pocas veces se hacen las mínimas averiguaciones de las personas en las que se deposita la confianza. En más de una ocasión, algún cliente me ha confesado que un terapeuta al que acudió en busca de ayuda se puso a llorar durante una sesión al contarle sus desgracias personales; simplemente no era un ejemplo de sus propias palabras.

Sobran los comentarios.

Elegido por un sueño

¿Elegiste tu sueño o fuiste elegido por él? ¿Elegiste leer este libro o fue «él» quien te eligió a ti? ¿Aún crees que es una casualidad que esté en tus manos?

Muchas veces, las personas se consuelan pensando que los sueños, sueños son; y que está bien que así sea. Y algún día, con el paso del tiempo, se sorprenden preguntándose: ¿Es esto todo lo que hay? No permitas que eso ocurra contigo.

Pero hay más.

Ponte metas realmente grandes, apunta a las estrellas, al centro de la galaxia. Si no llegas, tal vez alcances la Luna. Tampoco está mal.

Por alto que apuntes, el tamaño de lo que te propongas nunca excederá tus posibilidades reales. Si te consideran un loco, el tamaño de tu sueño es el apropiado. Vas por buen camino. Tómatelo como un cumplido pero no trates de convencer a nadie, la única persona que debe estar convencida eres tú. Eres amado, muy amado. El hecho de haber nacido es la prueba de lo muy amado que eres.

Los sueños se alcanzan a base de autoconfianza,
no de reconocimiento.

Puedes establecer una escala en el nivel de consecución que vaya desde el «mínimo aceptable» hasta lo que sería un «resultado de escándalo». Un rango bastante amplio.

Toma nota: cuando el cielo quiere salvar a un hombre, le entrega un sueño. En la naturaleza humana está el soñar despierto; y el soñador se convierte en su propio sueño cuando lo abraza, se funde en él... y entonces son una misma realidad. Con estas palabras sólo deseo provocar tu mente a imaginar, imaginar, imaginar…

Descubre quién eres honrando lo que iluminaría tu vida como ninguna otra cosa. Deepak Chopra, mi autor preferido, escribió: «¿Quién soy?, eres la totalidad del universo actuando a través de un sistema nervioso. ¿De dónde vengo?, vienes de una fuente que nunca ha nacido y que nunca desaparecerá. ¿Por qué estoy aquí?, para crear el mundo a cada momento». Vale la pena volver a leerlo.

Y si no estuviéramos aquí, en este preciso instante, una parte de él se desvanecería como si nunca hubiese existido. No es una metáfora.

Da prioridad a lo importante

Algunos se quejan de que lo urgente les impide ocuparse de lo importante. En su equipaje acomodan primero los «bultos pequeños» y cuando tratan de colocar la «gran maleta» se dan cuenta que no queda espacio. ¿Por qué no dieron prioridad a lo importante? Está situación se repite tantas veces que parece inevitable y se acepta sin más.

¿Cuál es tu gran maleta?

Los arquitectos de sus sueños empiezan por lo primero y se ocupan de lo importante.

Pero:

Cuando se pierden en lo urgente, son bomberos de sus incendios. Al final, apagan muchos fuegos pero no habrán prendido la hoguera de la pasión. Tal vez se sienten valorados aunque en el fondo no se sienten valiosos.

Éste es mi pequeño secreto para gestionar las urgencias. Discrimina preguntándote: ¿Esto me aleja o me acerca a mi objetivo? Déjalo reposar unos días en el cajón. Es curioso. Tras un poco de tiempo, verás cómo la prisa se disuelve, el mundo no arde y todos lo olvidan.

Usa, antes que la experiencia, tu imaginación para definir qué quieres. Ponte en marcha y pregúntate: ¿Cómo puedo disfrutar y a la vez hacerlo real? Y después, no te detengas, persevera. Ten paciencia y sigue insistiendo hasta que suceda. ¿Hay algo mejor que puedas hacer con tu vida? La perseverancia compensa cualquier tipo de carencia. «Las grandes obras son hechas no con la fuerza, sino con la perseverancia» (Peter Drucker). Una idea muy democrática porque pone el éxito personal al alcance de todos.

Talento aplicado

Todos tenemos un talento u otro. Y todos podemos ofrecer a los demás algo útil y valioso en algún aspecto concreto. Pero no todos están dispuestos a pagar el precio de desarrollarlo. ¿Puedes creerlo?

Si estás dispuesto a pagar tus precios, vamos a ver cuál es tu talento natural. Es una buena oportunidad para averiguar quién eres y de qué material estás hecho. Si no estás dispuesto a pagar tu precios, tal vez debas leer otros libros antes de éste (en la presente obra he omitido el material que enseña a «hacer milagros»).

Resulta que las cualidades que admiras en otras personas son el reflejo de tu propio talento que buscan el modo de expresarse a través de ti. ¿Cómo sino ibas a reconocer una cualidad en otra persona? Si puedes apreciar en los demás un rasgo es porque lo posees también. De no ser así, no podrías siquiera verlo. Otro asunto es que la hayas desarrollado o no.

¿Eres consciente de tus habilidades? Escucha a tu corazón, pregúntale qué le hace sonreír. Sé un «explorador» en tu propia vida. Después, desarrolla tu talento singular. Es algo que te resulta tan sencillo que supones que también lo es para todo el mundo. Pero que te resulte sumamente sencillo no significa que carezca de valor.

Pregúntate qué te hace feliz. Revélate a ti mismo, pasa una jornada explorando los deseos de tu corazón. En tu corazón habita un sueño. Late en él. Averigua cuál es. Despréndete de tus temores para ver qué hay detrás y cuando te alinees con tu propósito, brillarás con luz propia. «No intentes convertirte en hombre exitoso, mejor intenta volverte un hombre valioso». No es mío, es de Albert Einstein.

Desata el poder de tus dones. Ya sé, me estoy poniendo filosófico; aun así, desátalo.

Por desgracia, «Llegar a ser bueno en algo» es la asignatura que más se echa de menos en los planes educativos. Tengo una pregunta que puede quitarte el sueño: ¿Hasta qué punto quieres ser bueno?

Tu don natural es un regalo tanto para ti como para los demás, y por esa razón te fue otorgado. Eres la única persona que puede utilizar tu talento. Pero sólo una de las muchas que pueden beneficiarse de él. Cuanto más te aplicas a él, más se perfecciona. Incluso despierta en ti otros talentos relacionados a los que tal vez antes no prestabas atención. Por desgracia, lo contrario también es cierto: cuanto menos lo usas más se pierde.

Lo que amas es aquello para lo que tienes talento
A eso se reduce todo.

Te haré una confesión, yo era de los que creían que el talento está en los genes, hasta que cambié de opinión. Las habilidades nunca están «terminadas», se desarrollan a diario. Por esa razón, un don se expresa cuando te centras en trabajar en él, no antes. El talento es un regalo que tú mismo te ofreces cuando creas lo que desea ser creado a través de ti.

El talento ayuda, pero la determinación consigue más. Quiero que sepas que los sueños no se construyen a partir de un golpe de genialidad, sino a fuerza de corazón. Y eso es algo que todos tenemos. La materia prima de la que están hechos los sueños es amor en acción, y está a disposición de cualquiera de modo ilimitado.

Déjame ponerlo claro: el éxito es para los que están dispuestos a hacer lo necesario, aplicando su poco o mucho talento, durante el tiempo que haga falta. Punto.

No temas prodigarte, no es a ti a quien corresponde administrar tu talento. De allí de donde proviene, no existe nada parecido a la escasez. Si lo dosificas, no lo ahorras; más bien desaprovechas una oportunidad para extenderlo.

Los cinco pasos (y medio) que siguen te ayudarán a tomar posesión de tu talento particular:

1. Piensa en alguien que admires por su talento.
2. Acepta que ese talento ya está en ti (si no, no le concederías ningún valor).
3. Recuerda una ocasión en la que expresaste ese mismo rasgo (aunque sea en grado menor).

4. Elije un contexto para volver a manifestarlo de nuevo.
5. Ponlo al servicio de los demás y oriéntalo a mejorar sus vidas.

½. Disfruta (y los demás también disfrutarán).

No juzgues el primer resultado, el talento se perfecciona día a día. Se toma su tiempo. Así es como ha ocurrido en el cien por cien de las personas que admiras por sus logros. Cuando empezaron, sus resultados estaban muy por debajo de lo esperado; pero insistieron y sacaron su talento adelante.

El poder de la mente enfocada

Imagina que encuentras una cámara digital en la calle. No sabes a quién pertenece ni qué hacer con ella. Piensas entonces que entregarla a objetos perdidos es una buena idea; pero antes de hacerlo, deseas averiguar alguna cosa sobre su propietario y examinas las fotos en la memoria de la cámara. Por las imágenes que aparecen en la pantalla descubres qué fotografió su propietario antes de perderla.

Ahora imagina que tu mente es una cámara fotográfica. Y que, en lugar de hacer fotos en dos dimensiones, hace algo mucho más complejo: crea experiencias en tres dimensiones y además lo hace ahí afuera, ¡en la realidad! ¿Te imaginas un mundo en donde el foco de atención mental impresiona la realidad?

Siguiendo el símil de la cámara digital, cada día examino las «fotos» de la «cámara» de mis clientes. ¿Cómo? Respuesta: simplemente examinando su realidad puedo hacerme una idea de sus patrones de pensamiento y de su foco de atención.

Algunas personas, aunque no todas, se engañan a sí mismas (o al menos no se dicen toda la verdad); y podrían llevarme también a engaño a mí si no fuera porque siempre tengo más en cuenta la realidad de una persona que lo que cuenta de ella.

Su realidad habla tan fuerte que no oigo lo que dice.

El foco de atención es aquello en lo que una persona pone su tiempo y energía. En lo que enfoca es lo que finalmente impregnará su realidad. Cuando sostienes en tu mente una visión enfocada la mayor parte del día, de la semana, del mes o del año... es prácticamente imposible que no termines viéndola en la realidad. Créelo.

Puedes mejorar todo lo que consigues en tu vida si diriges tu mente hacia tu punto de enfoque deseado. Cualquier cosa en la que concentres tu atención aumentará; si la retiras, disminuirá. Por eso es muy importante poner tu atención en lo que deseas y no en lo que no deseas.

Atraes aquello en lo que piensas porque se convierte en tu foco.

Ésta es la tarea de la tercera jornada: cada mañana, después de despertar, enfoca tu atención en la clase de día que quieres vivir. Agradécelo como si lo hubieses esperado durante toda tu vida. Después, levántate y créalo.

Pensamientos magnéticos

Lo igual y semejante se atraen. Todo pensamiento es magnético, emite su propia energía. No unos sí –lo que deseas– y otros no –lo que rechazas–. Todos significa todos, la ley de la atracción funciona por inclusión, no por exclusión.

Desde que Earl Nightingale dijo: «Te conviertes en aquello que piensas», no he dejado ni un día de alimentar mi mente con pensamientos de calidad. En ese aspecto, me aplico una dieta mental saludable. Recuerda estas seis palabras:

Te-conviertes-en-aquello-que-piensas.

Si utilizas palabras elevadas, elevarás tu vibración y la de lo que atraes a tu experiencia. Usar palabras positivas te une a las mentes positivas que usan esas mismas palabras. Y a la inversa, pensamientos negativos conectan con otros pensadores negativos porque concuerdan en su baja emisión.

Ésta es una idea de verdadero impacto que recuerdo haber leído en algún lugar: «Si el hombre pudiera desear algo sin preocuparse, este deseo se cumpliría al instante». Creo que en este momento evolutivo hay una brecha –que se está reduciendo con rapidez– entre el momento de la formulación de un deseo y su manifestación.

Como en todo en la vida, se puede aprender a desear.

Para empezar, el «deseo creativo» no abriga la ausencia de lo deseado. Lo que aquí se dice es que pensar en lo que se echa en falta impide conseguirlo. Es el «deseo obstructivo», al que estamos tan acostumbrados (incluye la presuposición de una carencia).

El «deseo creativo» no se centra en la ausencia, sino en una realidad potencial. Es un estado mental de confianza que no puede establecerse sin antes aceptar por completo que no hay nada que no puedas ser, hacer o tener. Nadie puede conseguir menos de lo que podría sin su propio consentimiento. W. Goethe dijo: «Para tener más, primero debes ser más». Y no al revés. Él lo sabía, muchos ya lo sabemos, y ahora lo sabes tú.

Todo lo que consigues es consecuencia
de tu forma de pensar.

De la misma manera que una flor no hace primavera, un pensamiento aislado no es significativo. Una idea feliz, una inspiración espontánea, un deseo fugaz poco consiguen si no se convierten en un hábito mental. Sin embargo, un pensamiento dominante puede transformar tu vida. Y de hecho lo hace. Aunque la mayoría de las personas no cambian sus hábitos mentales porque no son disciplinadas: no insisten en modificar sus pensamientos negativos recurrentes.

Debes haber oído que un pensamiento se sustituye por otro pensamiento, no por el deseo de librarse de él. Cierto. Pero ¿cuánto tiempo toma? Depende. De promedio, unas tres semanas, que es, más o menos, el tiempo que tarda el caudal sanguíneo en renovarse y en impregnar todo el organismo de la vibración del nuevo pensamiento.

Si estás interesado en conocer a fondo la Ley de la Atracción, te recomiendo leer el libro *Pide y se te dará* de Esther y Jerry Hicks o *The Senet* (editorial Urano).

(?) Tres preguntas que pueden cambiar tu vida:

1. ¿Qué pensamientos me retienen y me bloquean?
2. ¿Hasta dónde estoy dispuesto a llegar en esto?
3. ¿A qué nivel estaría orgulloso?

(!) Tres tareas para la acción inmediata:

1. Anota todos tus talentos, competencias y habilidades, estén en desarrollo o no. Todos disponemos de un arsenal de talento sin explotar. Evita descartar un talento por obvio que parezca. Lo que para ti no supone un esfuerzo y carece de valor, para los demás tal vez sea un auténtico milagro. Pregunta a la gente que te conoce en qué posees cierta habilidad. Qué actividad o tarea se te da bien en especial. Como se trata de algo sencillo para ti, y no le atribuyes ningún valor, te sorprenderá su respuesta.

2. Junto a la lista con tus talentos naturales, anota al lado otra relación con las cosas que te gustaría hacer. Ahora añade una tercera columna con cómo mejorará la vida de los demás. Por último, relaciona los elementos de cada columna con una flecha. Busca el espacio común entre las tres columnas (aquello que te gustaría hacer, que es de utilidad y que refleja tus talentos).

3. Construye un *collage* de imágenes, tu «Mapa del Tesoro». Recorta y pega en un panel las fotos que representan tu sueño. No importa que tomes imágenes prestadas de revistas y catálogos o si las retocas y editas. Elige una imagen como símbolo de cada una de tus metas y pégalas en el *collage*. Añade tu imagen en el centro y acompáñala de todo lo que te inspire

y deseas que forme parte de tu vida. Si usas un ordenador, tu «Mapa del Tesoro» puede convertirse en tu pantalla del escritorio.

(✔) Una idea para resumir:

Más que tu talento, lo que está a prueba es tu determinación y compromiso a toda prueba. El talento no es tan decisivo como la persistencia. Recuerda que el equivalente de la confianza, la paciencia infinita, produce resultados inmediatos.

Cuarto día:
¿Qué está pasando y, sin embargo, qué debería pasar?

«Tu cuerpo entero, de extremo a extremo, no es más que tu propio pensamiento, en una forma que puedes ver. Rompe las cadenas de tu pensamiento y romperás también las cadenas de tu cuerpo.»

Richard Bach en *Juan Salvador Gaviota*

Por qué algunas personas no consiguen su sueño

En una conferencia que impartí pregunté a la audiencia: «¿Por qué razón la mayoría de las personas no consiguen sus sueños?». No se levantaron muchas manos. Tras tomar la palabra, las pocas respuestas que conseguí sonaban ambiguas. Entre todos, descartamos algunas causas. Y del consiguiente debate concluimos:

No se debe a un coeficiente intelectual inadecuado. En el cómputo final, antes que el talento cuenta la persistencia. El éxito llega después de haberlo intentado un número de veces «irrazonable» (muchas más de lo «razonable»).

No se debe al destino, ni al *karma,* ni a la voluntad divina. El universo no se opone a nada, no evalúa méritos, no establece diferencias, no juzga.

No se debe a la mala suerte. El universo no escatima oportunidades y ama los actos inspirados por el amor. (Actúa y tendrás suerte, y cuanto más actúes –cosa que espero que suceda– más suerte tendrás.) Trabajar duro trae suerte, mucha suerte.)

No se debe a que no lo desees con suficiente intensidad. La necesidad no se alía con el necesitado. El universo no entiende el leguaje de la desesperación. Y al fin, el apego y la desesperación por el resultado lo estorban.

No se debe a las circunstancias desfavorables. Las circunstancias se crean. (George Bernard Shaw escribió: «La gente siempre culpa a sus circunstancias por lo que son. Yo no creo en las circunstancias. Las personas que prosperan en este mundo son las que se levantan y buscan las circunstancias que desean, y si no pueden encontrarlas, las crean».)

No se debe a que el éxito de otro impida el tuyo. En el universo no existe la escasez. Bien al contrario, cuantas más personas logran sus metas, más despejado está el camino. Los pioneros de éxito elevan el umbral de posibilidades (si alguien pudo hacerlo, otros lo repetirán o mejorarán).

No se debe a nada de todo eso. Ahí estábamos de acuerdo.

Al final, entre todos, dimos con una causa primordial: «La mayoría de las personas no consiguen sus sueños porque no traducen sus sueños en objetivos, en tareas concretas o en acciones con una fecha asignada». Y todos aplaudimos.

Si hay algo que quiero que saques en claro de esta lectura es esto: muchos sueños se quedan en una fantasía por no trazar un plan para hacerlos reales.

¿Una vida de trabajo o el trabajo de tu vida?

Siempre me he preguntado por qué las personas no se dedican a algo que las haga sentirse bien en lugar de tolerar tareas que consideran insoportables. ¿Por qué acuden cada mañana donde no hay nada para ellas salvo un cheque a fin de mes? Se emplean en compañías que les pagan lo suficiente, y no más, para que no se vayan a la competencia; y en correspondencia, ellas trabajan lo justo para que no las despidan. Desalentador.

El cuento es sencillo. Empieza en casa; o peor, en casa y en la escuela a la vez, cuando te dicen: «Estudia mucho, busca un empleo seguro y trabaja duro». Y el cuento siempre acaba igual: hombres y mujeres con miedo de ser ellos mismos, de escoger la vida que vivirían y económicamente dependientes al final de una dura vida laboral. El cuento es triste.

Antiguos compañeros siguen atrapados en un trabajo en el que sobreviven de lunes a viernes. El fin de semana toman aire y vuelta a empezar. Su objetivo es llegar a la siguiente nómina. Viven sin emoción, sin espacio para desarrollar su talento. Y así pasan los años hasta que se ganan su merecido «reloj de oro» grabado por detrás: «A toda una vida de dedicación» –o algo parecido–. Entran escalofríos sólo con pensarlo.

La mala noticia es que hoy ya no se regalan relojes de oro cuando llega el retiro. Hoy, uno se entera por la prensa.

Hay alternativas: puedes crear o incorporarte en un proyecto que te permita recobrar tu verdadera identidad. Contén el entusiasmo, no he terminado. ¿Me refiero a un empleo? Desde luego que no, hablo de un estilo de vida en el que tenga cabida el propósito de tu vida. Un trabajo de por vida no es lo mismo que el trabajo de tu vida. La diferencia no está en la duración sino en la pasión. Ahora sí, ya puedes hacer olas.

¿Te satisface tu actual modo de ganarte la vida? Ésta es una pregunta a la que todos deberíamos responder con honestidad. Es sorprendente ver cuántas personas transigen en ocupar su tiempo en algo que aborrecen, en un sector que nada les dice, en actividades que ignoran sus valores, durante jornadas agotadoras, años y años. ¿Sorprendente verdad? Pues ésa es la situación, según las estadísticas, de un ochenta y cinco por ciento de la masa laboral. Sólo un quince por ciento de los empleados eligen un trabajo significativo, algo que realmente vale la pena para ellos.

¿Trabajar o vivir? ¿Por qué no las dos cosas a la vez? Pregúntate cómo obtener las dos en lugar de una.

Para mí disfrutar del trabajo es algo imprescindible. Ni me planteo dedicarle tiempo a tareas insustanciales, del mismo modo que no acepto actividades o compañías insustanciales. La autoestima también consiste en elegir «dónde» pones tu tiempo.

Si crees que ya has aguantado demasiado tiempo en un empleo que ya no te sirve y si deseas una ocupación que honre tus valores, en algún momento habrás de dejar de conformarte con sobrevivir. Llegará el momento en que querrás hacer de tu vida algo grande.

Tú eres tus proyectos (sean productos o servicios): «Tú S.L.». El trabajo de tu vida: «UnProyectoQueMereceLaPena» te proporciona sentido, propósito, significación frente a un simple empleo. «Trabajo» en inglés es *job.* Robert T. Kiyosaki en su genial libro *Padre rico, padre pobre,* señala el acrónimo: JOB (trabajo) como Just Over Broke (casi quebrado). Da que pensar, ¿verdad?

En *Demian,* Herman Hesse escribió: «Cada hombre sólo tiene que encontrar el camino hacia sí mismo. Su tarea es descubrir su propio destino y vivirlo totalmente. Todo lo demás sólo es una existencia hipotética, un intento de evasión, una huida a la conformidad». Lo leí con diecisiete años y aún resuena en mí.

Cuando defiendas tu marca personal y hagas lo que amas, el mercado te «amará» y expresará su «amor» con una gran prosperidad para ti y tu negocio.

Entiende esto: el mundo laboral está cambiando velozmente. El modelo del trabajador por cuenta ajena, en busca de un trabajo fijo y seguro, se disuelve por momentos. Palabras como *outsourcing* y *outplacement* serán pronto muy familiares para todos. Las ETT son los grandes contratadores del futuro (¡menudo futuro!).

Por suerte llega la era del emprendedor, del agente libre, del talento enfocado al servicio, del autónomo, de «la marca personal», el «Tú S.A.». Llega la era del logro.

Esto no es teoría, a mí me ha pasado. Está ocurriendo... en buena parte del mundo y en este momento.

Diseña tu futuro, ofrece algo que mejore la vida de los demás, disfruta haciéndolo, y el resto son detalles.

Me sorprende tanto esfuerzo en defender un concepto obsoleto («empleo seguro») que no ayuda al trabajador a conquistar su independencia financiera. El trabajo tal como lo conocemos va a desaparecer. Ya está sucediendo. (No es un rumor. Ahora mismo estoy poniendo una mano sobre el corazón).

Por otro lado, asistimos a un fenómeno de alcance mundial en el que cada vez más personas se atreven a elegir el estilo de vida que desean. Es un momento de apertura en este terreno. Trabajar ya no significa un medio de vida nada más, sino realización. Muchas conciencias despiertan a su verdad.

Los padres suelen enseñar que el trabajo es duro y que representa el medio para ganarse la vida. Sin embargo, trabajar sólo para poder pagar las facturas deja mucho que desear. Esta cita es de Dale Carnegie: «¿Estás aburrido? Entonces lánzate a alguna ocupación en la que creas con todo el corazón: vive por ella y encontrarás la felicidad que creías que nunca sería tuya». Tengo una pregunta que no va dejarte indiferente: ¿A dónde te conduce tu actual actividad?

El paradigma «ingresos del trabajo», con el que nos han educado, no funciona si lo que buscas es la independencia financiera. ¿Conoces algún asalariado que lo sea? Ese paradigma es la razón por la que muchas personas trabajan de sol a sol y aun así están permanentemente al borde de la ruina. Despréndete de semejante paradigma.

Existen ingresos que no provienen del trabajo sostenido; o mejor dicho, provienen de un trabajo puntual. Los royalties de este libro que estás leyendo son un buen ejemplo. Escribirlo me costó un buen trabajo, pero durante los próximos años estaré ingresando royalties de ventas que se producen sin que yo intervenga, ¡incluso mientras duermo! Este paradigma es más interesante que el anterior.

Si has cogido la idea (y no lo dudo), te sugiero que pienses en alternativas a «ingresos del trabajo» –es un paradigma en el que muchos están atrapados– y concibas fuentes de «ingresos de negocios»: el camino directo a la independencia financiera. Aquí está el secreto:

Construye paradigmas grandiosos.

La metáfora de la oruga y la mariposa no es nueva pero sigue siendo eficaz. La oruga desaparece en una realidad y nace en otra, esta vez, como una mariposa con alas. Para volar debe dejar atrás su anterior vida de oruga, y no parece que sea una gran pérdida. Volveremos a encontrarnos con la oruga al final del libro.

Conviértete en tu propio jefe: ¡contrátate a ti mismo!

Uno de lo anhelos más acariciados por la gente que trabaja para otros consiste en alcanzar la independencia laboral que les permita convertirse en su propio jefe. Es el primer paso, el segundo es lograr la independencia financiera: trabajar porque se disfruta haciéndolo, no porque se «necesiten» los ingresos.

Por increíble que parezca esta afirmación, es posible vivir haciendo aquello que amas. Muchísimas más personas de las que crees lo estamos practicando, ahora, en este momento. Si tu sueño tiene que ver con desarrollar un nuevo medio de vida, debes saber que es posible –y deseable– una «transición suave» desde tu ocupación actual a la deseada. Sé que no es sencillo porque a mí me costó mucho.

Si crees que para empezar por tu cuenta se necesita mucho dinero, sorpréndete con lo que sigue. Las empresas más admiradas por su éxito empezaron con muy poco: apenas dos mil euros. ¡La mensualidad de una nómina promedio! De modo que no es ésta la barrera de entrada. Empezaron con bien poco (si por poco puede considerarse toneladas de entusiasmo y atrevimiento). Por ejemplo, Dell Computer empezó en un dormitorio. Hewlett-Packard, Ford Motor, Microsoft en un garage. Louise Hay, la autora de *Usted Puede Sanar su Vida*, empezó su magnífica editorial (Hay House) en la sala de estar de su casa (¡lleva vendidos más de diez millones de libros de docenas de autores geniales!).

Como todo lo que vale la pena tiene un precio –en la vida nada de valor es gratis–, te diré que trabajar para uno mismo exige desarrollar ciertas habilidades en ventas, marketing personal, planificación, finanzas personales, gestión del tiempo, desarrollo de productos y servicios, diseño, ofimática, capacidad de relación, comunicación, etcétera.

¿Comunicación, oratoria? Hagas lo que hagas deberías explicarlo bien, más que bien. ¿Quién quiere escuchar a personas poco exitosas? Nadie. Su pésima comunicación es el origen de sus males.

¿Informática? Haz como yo, aunque delego en mi consultor informático eso no quita para que adquiera a diario nuevas competencias en el uso de mi ordenador personal.

¿Ventas? Todos vendemos (o deberíamos). Es la competencia número uno. Con tener talento o un buen producto no basta; hay que ofrecerlo. Y sin embargo, la palabra «vender» goza de muy mala reputación.

¿Marketing? Un excelente producto o servicio sin un gran esfuerzo de marketing y «marca personal» que lo dé a conocer no supera el año de vida.

En fin, un paquete de competencias parecido al ideal del hombre renacentista.

Se habla mucho del talento en singular, yo creo que o es en plural o no es posible. Con hacer algo bien no basta. Personas de (un) talento en su campo ven fracasar su proyecto personal por no elevar su actuación global a la excelencia. Y no hablamos de «algunos», sino de «la mayoría».

En el mundo hay una cantidad increíble de modos interesantes de ganarse la vida más que decentemente, y la cifra sigue aumentando. La aparición de nuevas titulaciones refleja este fenómeno que las nuevas tecnologías aceleran.

La tendencia imparable: la mayoría trabajará en campos novedosos y desarrollará diferentes actividades al mismo tiempo (dos, tres, cuatro...).

Cada vez más los profesionales del futuro pondrán sus talentos a trabajar desde casa para sus clientes. Y a mí me parece genial. Absolutamente genial. En ese escenario de absoluta libertad quienes lleven sus talentos a la excelencia asegurarán la viabilidad de sus negocios.

Objetivo: «Yo S.A.», marca registrada.

Si ésta es tu aspiración permíteme que te explique mi punto de vista al respecto. Soy de la opinión que la mayoría de personas deberían poseer su propio negocio o, cuando menos, trabajar para sí mismas. Es la única vía para llegar a la tan deseada independencia financiera; y sin embargo, excluye a quienes se quejan de no ganar lo suficiente y culpan de ello a todo el mundo, menos a sí mismos.

Te pondré un ejemplo:

En una entidad en la que trabajé se implantó una medida extraordinaria: fijar el 50 por 100 del sueldo en función de los resultados del propio trabajador, la otra mitad permanecía fija cada mes. El sueldo dejó de ser fijo y pasó a ser variable. ¡Esa medida convertía a los empleados en «accionistas» con cobro de dividendos mensuales! ¿Puede pedirse más? Yo creo que no. ¿Y cuál crees que fue la reacción de la plantilla a la posibilidad de hacer crecer sus ingresos? El rechazo total –casi un motín–. Muchos no estaban dispuestos a responsabilizarse de su sueldo ni de fijarlo en función de su contribución. A mí, en cambio, me pareció una oportunidad a la que decidí sacarle partido; y sobra decir que desde entonces se incrementó el monto medio de mis pagas.

Si eres autónomo e *imprescindible* en tu negocio; empieza a valorar que lo que tienes entre manos, se trata de un trabajo con «apariencia» de negocio. ¡Cuidado!, puede tener todas las desventajas de un empleo y ninguna de las ventajas de un negocio. Eso se parece mucho al «peor empleo del mundo».

Si te encuentras en una situación parecida, sé como te sientes porque yo mismo pasé por eso. Te recomiendo la lectura del interesante libro *El mito del emprendedor*, de Michael E. Gerber, que te orientará en esta cuestión (editorial Paidós).

No existen problemas pero sí estados mentales que creen ciegamente en ellos

La persona promedio habla de sus problemas como de algo que ocurre al margen de ella.

Pero:

Un problema sólo existe bajo el punto de vista que da fe del mismo. Más allá, simplemente no existe. Algunas personas se asombran cuando les sugiero que no busquen soluciones a sus problemas, sino que cambien la mentalidad que los crea. Sé que es duro escuchar algo así pero más doloroso es tropezar una y otra vez con los mismos problemas con disfraces diferentes.

Entiéndase: el problema es el modo de ver el problema. No cambias la situación, pero te cambias a ti. Reciclar el material del que están hechos los problemas conduce finalmente cualquier experiencia al amor.

La solución que buscas pasa por responder a esta sencilla pregunta: ¿Hay otra forma de ver este asunto? Y en tener presente: «La capacidad de percibir o pensar de manera diferente es más importante que el conocimiento adquirido» (David Bohm, genio).

Lo que se dice aquí es que puedes acceder a un nivel de conciencia en el cual esa dificultad simplemente «no existe»; y por tanto, no necesita una «solución». Es lo que se llama dar un salto cuántico.

Pregúntate: ¿Qué clase de persona transciende esta dificultad? Date cuenta que no necesitas una solución, sino un nuevo modo de ver las cosas. La solución existe pero se halla en un nivel de conciencia diferente. Lo que para ti puede suponer un problema para otras personas no lo es en absoluto. Descubre en qué persona deberías convertirte para que el problema no exista. Piensa por un momento cuál es su mentalidad. Y emúlala.

Resumiendo, ante una situación problemática tienes varias opciones (y siempre en este orden):

1. Cambiar tú
2. Cambiar la situación
3. Tolerar la situación
4. Abandonar la situación

Esperar que las situaciones o los demás cambien, sirve de poco, pues el problema regresará tarde o temprano. ¿Por qué? Porque mientras no cambies, seguirás necesitándolo. Sencillo.

¿Fácil o difícil?

Lo uno lleva a lo otro. El filósofo Goethe lo sabía y escribió: «Todo es difícil antes de ser fácil».

Dedicarte a lo que le habla a tu corazón no es sinónimo de una vida fácil. Es precisamente la dificultad lo que generará la alquimia personal. Seguir el camino del corazón no garantiza una vida fácil, pero sobrevivir en lo que no se ama tampoco lo hará.

La creencia de que la vida debería ser fácil es floja. Muy floja. La mayoría de anuncios que prometen resultados inmediatos están pensados para mentes flojas. La publicidad floja está pensada para mentalidades flojas y para venderles lo que no necesitan. Nuestra cultura parece haber olvidado el esfuerzo como valor y se centra en la satisfacción gratuita e inmediata. Lo vemos en todas partes.

El *amor débil* hacia uno mismo –consentirse– no conduce a nada. Pero el *amor fuerte* –disciplinarse– es más fuerte que cualquier dificultad. Lo que sigue es el «paso perdido» en los métodos poco realistas de realización personal:

La autodisciplina es la más alta expresión de autoestima.

Las personas que no consiguen lo que desean no están dispuestas a pagar el precio para obtenerlo. Es así de sencillo y de duro. Y mucho menos a pagar por anticipado. Lo que he comprobado es que los pagos por anticipado son muy poderosos (son inversión pura): crean un campo de vibración expansivo que despeja el camino de dificultades. Si el precio es justo, págalo ahora; o más tarde lo pagarás por una cifra mayor.

Para mí, la verdadera autoestima consiste en «renunciar a establecer una relación conmigo mismo». He pasado mucho tiempo mirándome el ombligo. Ahora, en lugar de eso, prefiero centrar el foco de atención en la vida y en mi contribución. Nadie es tan feliz como quien se olvida de sí mismo y deja de tomarse demasiado en serio.

En mis seminarios suelo escuchar comentarios sobre: lo fácil y lo difícil, lo posible y lo imposible, la teoría y la realidad. Siempre respondo que esas distinciones son una ilusión. No hay una vida en la que teorizar y otra en la que practicar… ¡son la misma! Si lo que se sabe no se lleva a la práctica, en realidad, nada se sabe. La persona promedio ya conoce la verdad, de oídas, pero aún no ha decidido vivirla.

En mi vocabulario he excluido dos palabras perdedoras: fácil y difícil. En este momento, incluso me incomoda escribirlas, pero lo hago con la noble intención de caricaturizarlas.

Si me preguntas cuál es mi experiencia, te diré que nada que valga la pena está al final de un camino de rosas –por otro lado, no es algo que me preocupe–. Prefiero no pronosticar ni facilidad ni dificultad. Para ser exacto, habrá momentos muy «difíciles» y otros muy «fáciles». Así es la vida: es una cosa, es la otra y es ambas a la vez.

En resumen: la elección de lo fácil y cómodo lleva a una vida difícil a la larga. Los caminos cómodos no llevan a ninguna parte; sin embargo, los caminos arduos conducen lejos.

Lo que sigue no lo escribí yo, lo hizo Séneca: «No es porque las cosas sean difíciles que nos atrevemos a hacerlas, es justamente porque no nos atrevemos que se vuelven difíciles». Y otra cita, para mí, aún más contundente: «Aquello que no has hecho nunca no puede ser difícil» (de *A Course in Miracles*).

Y una sencilla regla de *El Maestro de las Cometas:* «Los días que no se ocupan en aquello que se ama son tristes, pasan pero no se viven, y jamás se recuerdan con una sonrisa». Tarde o temprano, llega un día en que uno siente que es el momento de expresar su grandeza. Créeme, sé de lo que hablo, si te planteas de vez en cuando la siguiente pregunta: ¿Cómo debería ser mi vida para que me sienta realmente orgulloso de mí mismo?, conectarás con algo grande de veras.

Cometerás errores, como todo el mundo

¿Hasta qué punto estás dispuesto a cometer errores? Es probable que durante el proceso que te conduce a la cima cometas algún error, dudes, seas criticado o incomprendido, y te sientas vulnerable. Es completamente normal y forma parte del proceso. Los errores hacen caer tus corazas, expanden tus límites, ¡son tu práctica espiritual! Convertir todo ese material precario en compost nutritivo es el meollo del asunto.

No eres perfecto, y también es cierto que nadie conocerá el día de la perfección en vida. ¡Qué democrática es la imperfección! Nadie es perfecto –o todos somos imperfectos–. La psicología lo tiene claro y califica la necesidad de perfección como «trastorno mental transitorio».

¿Tienes muchos problemas? Sólo hay un remedio: deja de tenerlos. Punto. (Me encanta hacerte sonreír). Siempre que lo repito a mis clientes, rompo todos sus esquemas sobre «El arte de la teneduría y conservación de problemas». En serio, sino los quieres, deshazte de ellos viéndolos como lo que son una percepción desenfocada de la realidad.

Si te haces a un lado y el problema «no sobrevive» sin ti, entonces –y lamento decirlo– tu percepción es el problema. Formas parte de él.

Para comprobar mi posición ante un problema tengo seis preguntas:

1. ¿Cuándo no se da el problema?
2. ¿Cuándo empeora el problema?
3. ¿Cuándo se alivia el problema?
4. ¿Qué o quién lo hace mayor?

5. ¿Cuándo y cómo lo solucioné antes?
6. ¿Sin mí, existiría el problema?

En la vida, lo que uno desea unas veces se consigue a la primera y otras no; y en ambos casos, casi nunca pasa nada de mayor importancia. Yo mismo he cosechado más «resultados no deseados» de los que me gustaría admitir. Son lo normal cuando se actúa. Son parte del lote.

Aforismo: Nadie se equivoca tanto como quien no lo intenta nunca.

Sé listo. A fin de cuentas, dentro de unos años, ¿alguien va a acordarse de los pequeños problemas y errores de hoy? Claro que no. En ese caso, tampoco deberías preocuparte ahora, ¿no te parece?

No hay nada que temer, salvo al mismo miedo. El atrevimiento y la osadía tienen poder. Y una vez que se actúa desde el corazón, algo mágico sucede. Todo a su alrededor se contagia y habla en su mismo idioma. Tengo un reto para ti: sigue los dictados de tu corazón (su sabiduría proviene de la eternidad y sus sueños son muy antiguos).

Mente principiante, mente creativa

En la naturaleza del mundo está el cambio. Cuando llegues al próximo punto y aparte el mundo ya será diferente.

Muchos problemas no se resuelven porque los desafíos son nuevos pero las respuestas son las de siempre. Por esa razón hoy en día las empresas empiezan a valorar más la creatividad de los candidatos que la experiencia en sus procesos de selección. Los nuevos desafíos requieren más creatividad que experiencia.

Creatividad: mirar con ojos nuevos.

Experiencia: mirar con ojos viejos.

Mis mayores aciertos siempre salieron de un golpe de imaginación. De una locura. ¿Exagero? En parte. Haciendo honor a la verdad, para minimizar mis errores uso el sentido común y mi experiencia, pero para maximizar mis aciertos uso la imaginación. Y no me va mal.

La habilidad de «establecer distinciones» se llama inteligencia. Por esa razón, son más inteligentes quienes establecen más diferencias en una situación. Una distinción es: un matiz, una perspectiva, una alternativa...

El problema de todo problema es no contar con suficientes opciones para convertirlas en soluciones.

La creatividad consiste en relacionar ideas que nunca han entrado en contacto antes. Emparejar ideas en apariencia desligadas es muy creativo. Una mente creativa genera opciones desde la totalidad de las posibilidades. Y ahora viene lo mejor: al margen de la genética y la inteligencia, liberar la creatividad puede aprenderse.

He trabajado en multinacionales que desplazaban sistemáticamente a las personas de un departamento a otro diferente. ¿Por capricho? Claro que no, con el fin de convertirlas en «principiantes» en su nueva plaza. ¿Para conseguir qué? Sencillo: una mente inexperta ve con ojos nuevos. Puesto que aún no dispone de experiencia, la suple con imaginación: no puede «recordar soluciones» y tiene que «inventarlas». Pasado un tiempo, el inexperto es un experto en su cargo y pronto su creatividad sucumbe bajo la rutina.

La «mente principiante» está llena de posibilidades. Cuando no sabe, inventa. Los adultos suelen incomodarse en situaciones ante las que son principiantes por miedo al ridículo. No están dispuestos a considerarse «principiantes» y por esa razón no arriesgan. Por eso su «mente experta» trabaja con la experiencia, es decir, con la repetición. Los niños, por el contrario, aún no han elaborado el miedo a equivocarse: son libres. Por esa razón, experimentan. Hasta que, a cierta edad, les enseñan a avergonzarse de sus errores, y entonces, ¡ya son adultos!

En «lo nuevo» vas a ser nuevo. Todos, cuando empezamos, somos perfectos ignorantes. Un principiante no tiene experiencia, pero tiene algo mucho mejor:

I-m-a-g-i-n-a-c-i-ó-n

Los ordenadores ya se ocupan del trabajo intelectual «sucio», nuestra mente debería enfocarse sólo en lo brillante.

Con saber no basta

La excusa más común para no hacer nada es limitarse a obtener información con el objeto de demorar la acción.

Hoy en día es sencillamente imposible saberlo todo. En lugar de preguntarte: «Qué haré cuando sepa», pregúntate mejor: «Qué hago con lo que sé». Algunas personas incurren en «la parálisis por el análisis». Son víctimas del exceso de información. Lo saben todo… de oídas. No permitas que eso te ocurra a ti.

En la actualidad, la información y el conocimiento se duplican cada pocos meses: ¡podrías pasarte toda la vida formándote y nunca saberlo todo! Las empresas no emplean a quien sabe mucho, sino a quien hace buen uso de lo que sabe. En el mundo empresarial se valora más la actitud que la aptitud, porque saben que la aptitud puede conseguirse con formación y la actitud no.

Todo el mundo sabe casi de todo pero muy pocos lo practican. Con saber no basta.

Si no que se lo pregunten a algunos profesores universitarios y profesionales cuyos vastos conocimientos no han creado una gran diferencia en sus vidas profesionales. Su nivel de éxito profesional y de ingresos no refleja su nivel de conocimientos. De hecho, los licenciados cada vez saben más y ganan menos que las promociones precedentes. Creer que un título universitario garantiza un mejor salario es una fantasía desfasada.

No se trata de lo que sabes: lo importante es lo que haces con lo que sabes. Una buena formación –aunque es preferible a ninguna– no garantiza el éxito. Un ejemplo, Bill Gates abandonó Harvard porque allí no podían enseñarle a conseguir su sueño: Microsoft. El genial Steve Jobs también abandonó su universidad y se lanzó a crear un proyecto deslumbrante: Apple Computer.

Todos los profesionales excelentes alguna vez rindieron muy por debajo de lo aceptable, pero aprendieron. El experto ha cometido todos los posibles errores; y aunque no lo sabe todo, sabe bien lo que sabe.

Todo efecto es el resultado de una causa

Quiero hablarte de una ley tanto o más poderosa que la ley de la gravedad. De pequeño, seguro que aprendiste las consecuencias de ignorarla. Las primeras caídas te enseñaron los efectos de la fuerza de la gravedad. Aprendiste a caminar al integrarla. Descubriste que si lanzabas el cuerpo hacia adelante evitabas la caída simplemente ¡dando el siguiente paso! Andar, en realidad, es una sucesión de «caídas» que evitas al dar un paso en el instante adecuado.

Sin embargo, la mayoría de adultos ignoran otra ley aún más poderosa que provoca daños mayores a los de una caída.

Me refiero a la «Ley de la Causa y el Efecto»: «No hay efectos sin causas. Toda causa, ya sea visible o invisible, crea un efecto, ya sea visible o invisible». Tienes que dominar esta ley.

Corolario: «Si quieres conseguir un efecto, activa las causas que lo crearán».

Pablo Neruda, mi poeta favorito, escribió unas palabras que guardo en mi corazón: «No olvides que la causa de tu presente es tu pasado así como la causa de tu futuro será tu presente».

Todo posee una causa, aun si es invisible a los ojos.

Por ejemplo, un pensamiento –o creencia– es la causa de una emoción –o un comportamiento–, y no al revés como podría parecer. Si no te gusta cómo te sientes, corrige lo que has pensado antes. Y en cuanto a las emociones, qué gran oportunidad son: ¡nos enseñan a pensar mejor! Nos ayudan a corregirnos.

Es muy fácil «enamorarse» de los efectos pero no lo es tanto de las causas. Pocos comprenden que si se centran en las causas que provocan un efecto que persiguen, éste se producirá *por si sólo*.

La palabra «cambios» y la palabra «caos» son similares salvo en las tres letras centrales (ambas empiezan y finalizan de modo simétrico). Me agrada definir caos como «la concentración del cambio en el espacio-tiempo». No me refiero al cambio por el cambio, sino a la transformación evolutiva.

Cuando los cambios son intensos, lo percibimos como un problema y no como el principio de la solución. Parafraseando a Robert T. Kiyosaky (autor de *Padre rico, Padre pobre* con una colección de diez libros que te recomiendo): «Si quieres cambios realmente importantes en tu vida, cambia el tamaño de tu sueño». En otras palabras: piensa en grande.

Puedes ser la causa de tu gran sueño o puedes ser un efecto debido al azar. Puedes hacer que las cosas deseadas sucedan o dejarlas en manos de la suerte. Hay una diferencia tan grande entre ambas actitudes como llegar a donde te diriges o a ninguna parte.

La receta definitiva

Si lo logrado hasta la fecha no te satisface, repetir comportamientos es una locura –no dan más de sí–. ¿Cómo lo sé? Si éstos tuvieran la capacidad de conducirte adonde quieres ir, ¡sencillamente ya estarías allí! No tiene ninguna gracia pero… los humanos insistimos en hacer «más de lo mismo» incluso cuando un comportamiento ha demostrado que no funciona.

¿Por qué razón entonces se repiten una y otra vez las mismas respuestas? Porque hasta que una persona no pasa a interpretar la situación de un modo nuevo, se condena a repetir su vieja respuesta. Jack Canfield, autor de *Sopa de pollo para el alma*, y que ha supuesto una gran diferencia en mi trabajo, tiene una poderosa sugerencia: «Haz más de lo que funciona, haz menos de lo que no funciona y prueba comportamientos para ver si te dan mejores resultados». Para llevarlo en la cartera.

En otras palabras, deja de hacer las cosas que no funcionan y haz más de las que sí funcionan. Por otro lado, empieza a hacer cosas que nunca has hecho y deja de hacer algunas cosas que siempre has hecho. Si tuvieras que elegir un solo concepto de todo lo que he escrito en este libro, por favor, quédate con éste.

Pretender lo extraordinario llevando una vida ordinaria es una auténtica ingenuidad. Las obras soberbias las realizan personas normales que se atreven con lo extraordinario.

Tal vez ya te has preguntado en qué has puesto tu atención hasta la fecha para que las cosas sean tal como son. Cuando obtengas algunas respuestas, crearás una nueva realidad y empezará a existir para ti. Recuerda, cuando no encuentres las circunstancias adecuadas, deja de buscar y créalas.

En el próximo segundo, la receta definitiva:

Rescribe el guión de tu vida

Escribe tu vida como si empezara en este mismo instante y tal como quieres que sea. Pon por escrito todo lo que para ti es importante. Plasma siempre tus deseos por escrito. Un compromiso es un contrato con uno mismo, y los contratos se plasman sobre el papel.

¿Qué le ocurría a una semilla sin tierra? Lo mismo que le sucede a un objetivo que no ha sido establecido por escrito y que carece de fecha. El papel y la agenda son su tierra fértil.

Incluyo una cita extensa pero impagable del autor Todd Michael, de su libro *Cómo realizar milagros* (Ediciones Obelisco) porque no sabría expresarlo de un modo más claro: «Una petición debe ponerse primero en palabras.

Los pensamientos, al igual que el vapor, son intangibles. Para que el vapor se torne sólido, primero debe condensarse y adoptar la forma líquida. Sólo entonces el líquido resultante podrá congelarse y volverse sólido. Cuando uno manifiesta un sueño, el primer paso consiste en condensar las formas de pensamiento de tu sueño, convirtiéndolas en palabras. Esto te obliga a ser muy claro respecto a lo que deseas. A continuación, pon tu petición por escrito. Las palabras que se pronuncian sólo son la primera condensación del pensamiento. Las palabras escritas llevan la condensación a otro nivel de solidez. Uno de los objetos más poderosos que puedes tener es una hoja de papel en blanco». Una analogía impecable.

Buda enseñó –ahora hago una paráfrasis aproximada– que lo que hacemos y quiénes somos no debe estar separado. Cuando esto ocurre ya no es preciso buscar la felicidad. La felicidad te encuentra a ti mientras haces lo que amas. El verdadero secreto de la felicidad está en orientarte a lo que amas y disfrutar haciéndolo.

(?) Tres preguntas que pueden cambiar tu vida:

1. ¿Qué «distancia» separa mi situación presente de la deseada?
2. ¿Qué cualidades habré de desarrollar para cumplir mi deseo?
3. ¿Qué es preciso que deje atrás? Puede tratarse de: miedos, preocupaciones, creencias limitadoras…
   a) ¿Qué pensamientos-trampa necesito desactivar para alcanzar mi objetivo?
   b) ¿Qué creencias-trampa me están dificultando conseguir lo que deseo?
   c) ¿Qué emociones-trampa he de disolver para afrontar mis metas con garantías?
   d) ¿Qué comportamientos-trampa necesito desactivar para cumplir mis metas?

(!) Tres tareas para la acción inmediata:

1. Si tienes una familia, o piensas crearla en el futuro, valora el modo de integrar ambos proyectos personales sin que ninguno de ellos se vea perjudicado por el otro. Identifica el grado de compatibilidad o de incompatibilidad entre ambas parcelas de tu vida. ¿Cómo pueden reforzarse mutuamente? En lugar de pensar en términos de exclusión, deberías hacerlo desde la inclusión: ¿Por qué no ambas cosas?

2. Escribe las causas que van a crear los efectos que persigues, prioriza y céntrate en ellas. Determina qué «interruptores» van a iluminar tu vida. Tu siguiente tarea consiste en pulsarlos, uno por uno. Recuerda que es tu pasión por las causas, y no tanto por los efectos, lo que manifestará tus deseos. Así pues, escribe en tu cuaderno de notas: *«Las causas que producirán mi deseo son...».*

3. Dedica un tiempo de tu jornada a reunir motivación e inspiración para acometer el siguiente paso. Busca tu tiempo. Durante esa «cita contigo mismo»: medita, haz ejercicio y planifica tu siguiente acción. Es lo que se llama: «afilar el hacha». Aunque puede parecerte una pérdida de tiempo, en realidad estás ganándolo. El tiempo que dedicas a prepararte mejorará tu desempeño. Recuerda: nadie planifica el fracaso, pero fracasa porque no ha planificado.

(✔) Una idea para resumir:

La palabra «difícil» es uno de los mayores y más frecuentes obstáculos en la mente de las personas. Es una palabra «perdedora». En realidad significa: «No pienso hacerlo. Estoy aquí para lo fácil». Pero... lo que nunca has hecho no puede ser difícil.

Quinto día:
¿Cómo podría materializar mi deseo?

«Para volar tan rápido como el pensamiento y a cualquier sitio que exista, debes empezar por saber que ya has llegado.»

Richard Bach en *Juan Salvador Gaviota*

Imaginación *contra* Experiencia

Te propongo un viaje sin distancia: cierra el libro por un momento y, con los ojos cerrados, proyecta el futuro deseado en la pantalla de tu imaginación. Crea una «foto mental» (pon tu atención en cómo te sientes) y después vuelve al presente con esa emoción. Elabora por escrito un plan detallado para hacerlo real. Ahora, tu siguiente paso es ¡crearlo en la realidad!

¿El futuro puede crear el presente? Por supuesto, compruébalo: crea una visión de futuro en tu mente. Vuelve al presente y da los pasos que te llevan a él.

Dato (comprobado): el subconsciente no distingue entre lo real y lo imaginado. Y hará lo necesario para crear una «autoprofecía cumplida». Autoprofecía cumplida... me encanta este término. Es decir, manipular el futuro, mi futuro.

La visualización es «entrenamiento mental». Si podemos entrenar nuestro cuerpo en una actividad física ¿por qué no podríamos entrenar nuestra mente? Visualiza un nuevo comportamiento un número de veces suficiente como para que después las cosas «sucedan solas». El trabajo más importante que puedes realizar en esta quinta jornada es entrenar tu mente con disciplina para enfocarla hacia tus objetivos personales.

Algunos (francamente bastantes) afirman: «Cuando gane lo suficiente, podré dejarlo y entonces haré lo que importa». Lo cierto es que nunca tantos habían esperado recibir tanto ofreciendo tan poco. Una epidemia. Pero no es así como suceden las cosas. Sucede más bien al contrario: «Cuando haga lo que importa, acabaré ganando suficiente para seguir haciéndolo».

Está comprobado que quienes dan prioridad a lo que cuenta, lo consiguen; porque *hacen lo que aman*, pronto el dinero *ama lo que hacen*.

Permíteme mencionar un ejemplo impresionante de determinación a toda prueba para vivir por un sueño y sin la más mínima certeza de lograrlo. Nuestro admirable personaje decidió, a los veintisiete años, convertirse en pintor. No contaba en ese momento con ninguna experiencia, pues jamás había pintado o dibujado. Ni siquiera sabía si poseía el talento o las habilidades suficientes para pintar. Aun así, eligió lo que haría el resto de su vida; y como admiraba profundamente a los grandes maestros, decidió emularlos. La siguiente decisión que tomó fue la de ser autodidacta. Pensó que si quería ofrecer algo nuevo no debía seguir las enseñanzas al uso. Dos años después de tomar estas importantes decisiones, empezó a pintar, tras haber garabateado innumerables bocetos al carbón. ¿Su nombre?, Vincent van Gogh, de quien volveremos a hablar.

Muchas personas creen equivocadamente que hay que ser un experto para aventurarse en un nuevo campo en el que, a fecha de hoy, son principiantes.

Si quieres una vida excelente abandona todo proyecto de vida que no lo sea. Elije también dónde, con quién, para quién trabajar y en qué. Por el amor de Dios, no aceptes nada por debajo del nivel de excelencia.

Tendencia imparable: será habitual desempeñar una docena de empleos distintos en media docena de campos profesionales completamente diferentes en un cuarto de docena de diversos sectores (12 empleos, 6 empresas, 3 sectores).

- En un año –el próximo– habrá más cambios en tu profesión que en toda la historia.
- En un año –el próximo– la competencia en tu sector se habrá multiplicado.
- En un año –el próximo– aparecerán oportunidades donde hoy percibes amenazas.

Todo lo anterior seguirá vigente para cada año (o menos) a partir de ahora.

¿Nadie se da cuenta de lo que está ocurriendo?

No hace falta mencionar que, en semejante escenario, quien utilice el combustible de la experiencia avanzará como un automóvil; pero quien use la imaginación, avanzará como un avión.

Lo único seguro es el cambio

El cambio no sólo es probable sino que es inevitable. Y un detalle importante: es uniformemente acelerado.

Muchas personas (la mayoría) se resisten a los cambios porque no son conscientes de cuánto los necesitan. Reflexionemos: cuando algo no *puede ser* como antes, tal vez es porque ya no *debe ser* como es. Hay un sentido del orden en la oscilación y el cambio en el cosmos. Sin el cambio constante la vida no sería posible.

De hecho, todo, y eso nos influye a nosotros, es vibración, un pulso que entra y sale de la realidad continuamente (encendido-apagado). En cada pulsación se produce una pequeña transformación (como en los fotogramas de una película) y así la vida avanza. Si el universo no fuese pulsátil, todo estaría congelado, petrificado, muerto.

La seguridad, guste o no, no es más que una ilusión. Y perseguir una fantasía sólo puede conducir a la decepción. En nuestros días nada hay tan seguro como que no hay nada seguro, nada tan cierto como la incerteza, ni tan fijo como el cambio.

El experto en ventas Jeffrey Gitomer me hizo reflexionar sobre la paradoja del riesgo: «Nadie quiere el riesgo, pero todo el mundo quiere la recompensa que aporta el riesgo». Lo que estoy tratando de expresar es que el mayor riesgo en la vida consiste en no asumir riesgos. Todos quieren ir al cielo, pero nadie quiere morir.

A lo largo de mi vida profesional he trabajado tanto como empleado como autónomo. Y en ambos casos, he aprendido que la única seguridad consiste en mantenerse creativo y en ofrecer utilidad. Paradójicamente, lo más cerca que he estado jamás de la «seguridad» es precisamente ahora, trabajando para mí (dependo de mí mismo). Cuando miro atrás, me asombra la «inseguridad» en la que incurrí al trabajar para otros bajo un contrato fijo-indefinido.

En el actual paradigma laboral no existe un empleo «seguro» o «de por vida». A ese modelo ya «se le ha pasado el arroz». Creer que existe es alimentar una fantasía, y buscarlo, una pérdida de tiempo. Han cambiado las reglas. Y aun así, la persona promedio sigue buscando algo que simplemente ya no existe. Pocos parecen haberse dado cuenta de que la era industrial terminó.

El cambio puede ser tu peor enemigo.

O:

Puedes liderar el cambio, sumarte a él y convertirlo en tu aliado, tu amigo.

Hacer cambios es incómodo, no hacerlos lo será más

No sé nada de ti, pero sí sé que todo lo que deseas se halla fuera de tu zona de comodidad. Tal vez por esa razón, las mejoras que deseas para tu vida vendrán precedidas de una cierta dosis de incomodidad transitoria. En la vida, todo lo bueno tiene un precio. Y como tarde o temprano habrá que pagar; cuanto antes, mejor.

Axioma: tu deseo está en tu «zona invisible». Y para permitir que ingrese en tu «zona visible» deberás colaborar con las fuerzas creativas del cambio (transformación tanto interior como exterior).

En su divertido libro *Las Claves de la Vida Fácil*, E. Zelinski, escribe: «Si siempre haces lo fácil y cómodo, la vida acaba siendo difícil e incómoda. Si haces lo difícil e incómodo, sin embargo, la vida acaba siendo fácil y cómoda». Por esa razón, la incomodidad del cambio no es nada comparada con la incomodidad de no hacer nada en absoluto.

Los cambios rápidos producen mejoras superficiales, los cambios lentos, profundas. Esperar resultados rápidos y fáciles suele generar resultados insatisfactorios que acaban por desbaratar cualquier expectativa de cambio efectivo.

Toda transformación de la consciencia implica un cambio profundo a tres niveles:

1. Pensamiento.
2. Emociones.
3. Comportamiento.

Cito a Gandhi: «Sé tú el cambio que deseas ver en el mundo». ¡Qué profundo! Hoy pocos discuten el paradigma «de dentro a fuera», la alquimia de la transformación que conducirá a la especie a un nuevo nivel de conciencia.

Para la nueva física no puede hablarse de una realidad «ahí afuera» objetiva e independiente de la conciencia «aquí adentro». Para los místicos tampoco. Para algunos científicos, además, la mente ya no puede circunscribirse al cerebro, sino a todo el cuerpo y más allá de éste. Tal vez la mente no está en el cuerpo, sino que el cuerpo está en la mente.

Sea cual sea tu deseo, adentrarte en un nuevo paradigma contribuirá a hacerlo más grande. Te proporcionará un ángulo de referencia más amplio, nuevas opciones, un escenario expandido. Y todo ello no puede más que conducirte a dar una nueva respuesta a la vieja pregunta: ¿Qué creencias me impiden dar el siguiente paso en mi vida?

Nueve palabras con un nuevo significado

El lenguaje no sólo describe la realidad, hoy sabemos que la crea. Según V. Burr, «Cuando las personas hablan entre sí, el mundo se construye». Yo también lo creo. Y sé que la palabra tiene el don de crear, lo aprendí cuando estudié programación neurolingüística.

El primer asunto en el que deberás aplicar tu atención es en tu diálogo interno. Las palabras cuentan y mucho. Juegan a favor o en contra. Así, para cambiar tu realidad cambia tu diálogo interno –el modo en que te hablas.

¡Recuerda que eres la persona con quien más vas a «hablar» durante toda tu vida! Identifica las palabras y las expresiones negativas, el «vocabulario perdedor». No puedes permitirte el lujo de mantener diálogos internos negativos (sale carísimo). Simplemente, pulsa el botón «pausa» y detenlo.

Cambia tu vocabulario y cambiará tu vida.

Las palabras son herramientas.

Haz declaraciones en voz alta, impregna de su vibración cada célula de tu cuerpo. Convierte tus afirmaciones positivas en decretos, y tus decretos en «autoprofecías cumplidas».

Seguramente, ya sabrás que en los libros sagrados leemos: «La palabra se hizo carne». ¡Qué manera tan metafórica de expresar que las palabras se hacen realidad!

Las personas de éxito utilizan «palabras ganadoras». ¿Eres de esas personas? He escrito este libro, entre otras cosas, para llamar la atención de aquellos que utilizan, sin saberlo, el poder de su propio vocabulario para perjudicarse.

Tus palabras siempre trabajan, a favor o en contra.

Trataré de explicarlo:

Las palabras son combinaciones de sonidos, y cada sonido lleva asociada una vibración. De ese modo, cuando utilizas un vocabulario positivo, tu estado vibracional es elevado. Y viceversa. Las letras son letras; y las palabras, palabras. Sin embargo, cada palabra ha sido pronunciada infinidad de veces por nosotros y otras personas antes de ahora; en consecuencia, llevan adherida una carga emocional concreta. Y el simple hecho de pronunciarlas, activa su vibración tal como sucede con un *mantra* o palabra de poder. No te gastes en especular por qué es así, acéptalo ahora y cuestiónalo en el muy hipotético caso de que te falle.

Ahora piensa, ¿qué palabras-trampa vas a desechar para recuperar tu poder?

Una de las tareas que suelo proponer a mis clientes de *coaching* consiste en revisar el vocabulario y expresiones más frecuentes. Enseguida comprueban cómo ciertas palabras de baja frecuencia se repiten con increíble regularidad.

Haz dos listas: «palabras ganadoras» y «palabras perdedoras». Sabrás a qué categoría pertenece cada palabra por la clase de energía que genera en ti. Ahora, ¿qué lista es más larga?, ¿comprendes su efecto en el tiempo?

Tengo una palabra mágica: «Abracadabra», ¿te resulta familiar? Seguro, la usan los magos. Lo que ya no es tan conocido es su origen (arameo) ni su significado: «Mientras hablo voy creando». ¡Es lo que todos hacemos!

He seleccionado nueve palabras en torno a las cuales gravita mi actual vocabulario. Son mis palabras mágicas. Su vibración inspira mis actos y me enfoca hacia mis auténticos deseos. Son mis «palabras de culto». Su comprensión ha representado para mí una gran diferencia. Sin embargo, confieso que en mi diccionario particular, estas palabras poseen ahora un significado muy distinto al que aprendí en su día.

Deseo era el origen de todas las desdichas (creía que «los sueños son pura fantasía»). Pero hay una gran diferencia entre desear (voluntad de hacer *lo necesario* para conseguir una meta) y codiciar (ansiedad por hacer *cualquier cosa* para conseguir una meta). Cuando la codicia toma el control de un deseo, lo mata; o peor aún: «mata» a quien codicia. *Deseo*. Si está en tu corazón, alguna razón habrá.

Disciplina era sinónimo de obediencia e imposición. Sé que en realidad significa «ser discípulo de una idea poderosa», de un pensamiento creativo. *Disciplínate.* Sé discípulo de tu misión o lo que es lo mismo: entrégate a un propósito para que éste te transforme a ti y a tu vida.

Aceptación significaba ceder o renunciar. Para mí, hoy significa dejar de resistir. Es abandonar la posición de negar *lo-que-es* y abrirme a *lo-que-podría-ser*. La rendición interna implica confianza en la inteligencia del universo. *Acepta.* No podrás liberarte sin aceptar antes. Nada transforma tanto una situación como su aceptación para pasar a la siguiente.

Responsabilidad era sinónimo de obligación. Ahora significa: «habilidad para dar una respuesta». Para mí consiste en aceptar el desafío de crear el futuro a cada instante. *Responsabilízate.* Adiéstrate en responder desde el *ser* en lugar de reaccionar desde el ego.

Confianza significaba fe ciega –carente de razón y lógica– y espera pasiva. Hoy significa certeza con total desapego del momento en que ocurran. En realidad, implica una actitud interior muy activa. *Confía.* Da en todo momento lo mejor de ti –y olvídate del resultado–, y con seguridad éste llegará. Cultiva una actitud desinteresada por tu propio interés.

Compromiso era obligación. Ahora representa el espacio común entre quién soy y lo que expreso; pues no hay ninguna diferencia. Para mí, es la actitud que permite que me alcance mi destino. Un compromiso es un «acuerdo interno» sin reservas. *Comprométete.* Que no exista diferencia entre quién eres y lo que haces. Estar comprometido o involucrado es muy diferente. Si sólo te involucras, cuando las cosas se compliquen, abandonarás.

Pasión significaba ímpetu y arrebato. En la actualidad, representa amar las causas y disfrutar con entusiasmo del proceso que conduce a los efectos. La pasión desapegada es la clase de impulso que conduce a la cima. *Apasiónate.* La pasión es el combustible que consigue que el trabajo no te canse y que los obstáculos no te detengan.

Imaginación era lo irreal. Hoy la imaginación es el puente que me conduce desde mi realidad actual a mi realidad deseada. *Imagina.* Ejercita la visualización y la formulación de preguntas poderosas que exciten y fecunden tu imaginación.

Fluir significaba dejarse llevar y renunciar al control. Ahora me recuerda que hay momentos en los que es preciso *hacer* y en otros basta con *ser*. Todo se reduce a una danza entre la acción interna y la acción externa. *Fluye.* Actúa según el ritmo del momento. Haz como el bambú, que con su *no-oposición* resiste la fuerza del viento. Lo flexible no puede romperse.

Recapitulando:

1. *Deseo* ante la codicia.
2. *Disciplina* ante la desidia.
3. *Aceptación* ante la resistencia.
4. *Responsabilidad* ante la reacción.
5. *Confianza* ante la impaciencia.
6. *Compromiso* ante las excusas.
7. *Pasión* ante la apatía.
8. *Imaginación* ante la repetición.
9. *Fluir* ante la oposición.

No abandones tu propósito y él no te abandonará a ti

Muchas personas se olvidan de soñar. Es una triste verdad. Se niegan lo que más anhelan. Desisten de su destino después de tacharlo de «imposible». Renuncian a «inventar» un futuro deseado y aceptan un futuro previsible.

Si este es tu caso, este libro te mostrará que no hemos venido al planeta para sobrevivir nada más, sino para hacer visible lo invisible. O tal como lo expresa el famoso endocrinólogo ayurvédico Deepak Chopra: «Para crear el mundo en todo momento».

Este libro está dedicado a crear vidas extraordinarias.

Pero, vayamos a los números.

Según las estadísticas, un ochenta por ciento de los emprendedores abandona tras el primer intento. Y casi el cien por cien desiste después del segundo intento... Eso no es precisamente un ejemplo de perseverancia y determinación que se diga. Dos intentos, uno... o ninguno. Y en eso queda todo.

Debes haber oído que los abandonos prematuros son la mayor causa de fracaso. En mi experiencia he aprendido que para atravesar la puerta correcta antes hay que llamar a muchas puertas equivocadas. ¿Es justo? ¿Es injusto? ¡Así es la vida! Te pondré un ejemplo: cuando terminé el manuscrito de mi primer libro, *Taller de Amor* (Ediciones Obelisco), recorrí con mi obra bajo el brazo hasta 32 editoriales. Atravesé 31 puertas equivocadas y 1 acertada, la que hoy es mi editorial. Créeme, oír 31 negativas fue duro pero yo estaba dispuesto a aceptar centenares de negativas si era preciso. Tampoco necesitaba convencer a todos los editores de mi ciudad, con uno bastaba. Me limité a descubrir dónde estaba esa persona.

Quienes abandonan prematuramente, algún día se preguntan afligidos en qué se les fue la vida. Finalmente, descubren que lo peor de su vida es lo que no intentaron. Triste.

Y entonces concluyen que la vida es muy corta como para vivirla sin pasión. ¿Es tarde? Nunca lo es. Pero responde tú mismo a esta pregunta después de meditar la siguiente cita de Zig Ziglar, motivador de motivadores: «No importa lo viejo que seas, eres más joven de lo que nunca serás».

Tomas Edison, el mayor inventor de todos los tiempos, constituye un ejemplo de lo que se puede conseguir con tesón. Hasta la fecha nadie le ha superado en número de patentes. Entre otros inventos, desarrolló la pila eléctrica después de unos cincuenta mil ensayos. Otros muchos inventos suyos se perfeccionaron tras una cifra de pruebas parecida pero esto nunca fue para él una causa de desánimo. Lo que otros llaman fracaso él lo calificaba «resultado no deseado».

Las oportunidades para abandonar abundan, las excusas también: no tengo tiempo, no es el momento, es difícil, no puedo, etc. Son señales de «debilidad mental». Si alguno de esos pensamientos trampa o grilletes mentales te agarrota, ten a mano el remedio: crea la visión del logro (en especial, en los peores momentos).

Si me permites la observación, te diré que cuando más abandonos adviertas a tu alrededor, más cerca estarás de la cima.

Es un síndrome bien documentado. Déjame ponerte un ejemplo de «El síndrome de la otra orilla» o «El síndrome de la cima». Personas que, a unos pocos metros de la otra orilla, o de la cumbre, envueltos en la niebla o una nube, perdieron de vista su objetivo. Y entonces, sin el estímulo visual, se vienen abajo y abandonan… ¡a unos pocos metros de su objetivo!

Antídoto: cuando sientas la tentación de abandonar, pregúntate si no estarás renunciando demasiado pronto. Concédete un día más, un kilómetro adicional, un nuevo intento, un esfuerzo extra.

Si un sueño habita tu corazón es porque eres capaz de hacerlo realidad. Fue puesto en tu corazón por algún motivo. Te fue otorgado; y al aceptarlo, concedido de antemano. Lo que buscas te busca. Lo que amas te ama. Encontrarlo te transformará profundamente y elevará tu vida a un nivel nunca antes conocido.

Tu programa de metas

Si alguien planea sus siguientes vacaciones con más detalle que los siguientes cinco años de su vida, entonces tiene un problema. Y serio.

Algo tan importante como decidir a qué entregarán su tiempo y energía es algo que muchos ni siquiera se plantean. Conocen bien sus deseos pero no se aplican el «método de los deseos cumplidos»: transformar los deseos en metas, las metas en tareas y las tareas en una diversión.

He leído en algún lugar que las personas no planean fracasar; y sin embargo, fracasan porque no planean. En realidad, lo que está ocurriendo es: la mayoría de personas no tienen un programa de metas definidas. Todo el mundo desea una vida más satisfactoria pero pocos trazan el plan que les conducirá a ella.

¿Cómo darle al blanco si no hay un blanco al que apuntar? Un arquero que dispara con los ojos vendados a un blanco tiene mayor probabilidad de hacer diana, aunque sólo sea por azar, que el arquero que carece de blanco en absoluto. ¿Cuál es tu diana?

Las buenas intenciones se diluyen pronto; y los esfuerzos puntuales se conocen popularmente como «intentonas». Por esa razón, en todos los campos de la vida, hay muchos intentándolo y pocos consiguiéndolo.

Pero es sabido que disparar al aire con la esperanza de cobrar una pieza ofrece muy pobres resultados.

¿Cómo fijar el programa de metas?

El error del principiante es preguntarse qué puede hacer dadas sus circunstancias. El experto primero se pregunta qué quiere y después crea las circunstancias propicias para conseguirlo. Define su programa de metas y después crea situaciones que concuerden con su propósito.

Al principio celebra cada esfuerzo. Una vez alcanzadas las primeras metas, te sugiero celebrar tus pequeños logros. No tienes por qué esperar al resultado final, cualquier señal de éxito puede ser tu motivo semanal de celebración. Son el indicador de que las cosas avanzan.

Incluso puedes establecer un sistema de premios por meta conseguida aunque el objetivo final no se haya alcanzado aún. Por ejemplo, regalarte un día libre, un masaje, o simplemente llevar un diario de éxitos.

Consigue que tu entorno te apoye

Si ya has comprendido la importancia de un programa de metas, ahora quisiera que valoraras la opción de reforzarlo con un entorno favorable para redistribuir el esfuerzo.

Solos raramente conseguimos algo de valor. Pero si cuentas con el apoyo de tu entorno, podrás delegar en él parte del proceso. Eso minimizará la necesidad de fuerza de voluntad y disciplina.

Piensa, ¿hasta qué punto contribuye tu entorno en tu éxito? Y ¿cómo sería tu entorno ideal? Diseña tus apoyos.

Ejemplos de entorno: complicidad de la familia, socios sinérgicos, información y formación relevante, acceso a redes, medios de comunicación, buena forma física, apalancamiento financiero, atmósfera amable de trabajo, sistemas informáticos y de proceso de datos eficaces, red de contactos, consejeros... En fin, todo lo que ayude a conseguir más resultados con menos esfuerzo.

Otra cosa que puedes hacer es organizar un grupo de *Mastermind* (mente maestra). ¿En qué consiste? Es un grupo de personas que comparten sus sueños en un entorno de mutua motivación. Establecen reuniones regulares para intercambiar recursos, escucha activa, consejo y apoyo. ¡Es como un congreso de soñadores! Diseña tu «sistema de apoyo mutuo».

Nuestro admirado personaje, Vincent van Gogh, trató de establecer un grupo de pintores. Él creía firmemente en la colaboración con otros artistas, en lo mucho que podían enseñarse unos a otros. Invitó a trabajar en su estudio ni más ni menos que a Paul Gauguin. Le ofreció «un refugio para amigos» donde intercambiar ideas y compartir suerte. Los escasos dos meses durante los que convivieron fueron muy fructíferos para ambos, finalmente Gauguin marchó al Pacífico a encontrarse con su destino.

Hay estudios documentados que confirman que el noventa por ciento de lo que consigues, y de lo que no, tiene que ver con las personas con las que te relacionas regularmente. Eso incluye pareja, familiares, socios, colaboradores, amigos y conocidos. ¿Cuál es la razón? El «efecto mimetismo» hace que se igualen, o copien, conductas, creencias, hábitos y hasta modos de vestir o de hablar. Puesto que esa influencia va a ocurrir, ¿por qué no elegir un entorno altamente inspirador a nivel personal y profesional?

Todos hemos conocido cientos de personas en nuestras vidas, con algunas de ellas incluso hemos convivido durante años; y sin embargo, no nos acordamos de muchos porque su contribución a nuestra vida no es destacable.

Pero:

Podríamos escribir una pequeña lista con los nombres de las personas con las que hemos coincidido brevemente y que nos han impactado para siempre…

Argumento cuántico: las personas de elevado orden y coherencia crean una influencia positiva que aumenta ese orden y coherencia en otros. Sus conciencias se elevan a un nivel más alto del que lograrían por sí solas (sinergia evolutiva). En otras palabras, una «conciencia elevada» eleva aquéllas con las que entra en contacto.

El Plan de Manifestación

Cuando era pequeño me encantaban las películas de aventuras. Ahora me gusta vivir la aventura. Ante la pantalla me excitaba con facilidad. Sin embargo, al oír tres palabras mágicas en boca del héroe del filme, me relajaba. Y estas palabras eran: «Tengo un plan».

Estoy seguro de que eres consciente de que un plan es el puente hacia tus sueños. No construyas sueños, mejor construye los puentes –los planes– que conducen a ellos. Suelo afirmar que tener un plan –por regular que sea– es mucho mejor que no tener ninguno. Y tener dos planes es mejor que mejor. El segundo plan, el plan B, es el «plan de contingencia»: una alternativa por si las cosas no salen según lo esperado.

Cuando establezco mis planes me gusta pensar:

Un plan como este no puede fracasar.

Me agrada hacer planes y me agrada aún más cumplirlos. No hay nada más didáctico que un plan (planificar enseña).

Pero ¿cuántos de nosotros tenemos un plan? Hay personas que viven según sus planes; y el resto, según los planes de otras personas.

Lo que sigue es el corazón de este libro y, en síntesis, el secreto para hacer realidad un deseo. En resumen, este es «el método de los deseos cumplidos»:

Define tu sueño y escríbelo de modo específico; después, conviértelo en metas intermedias asumibles. A continuación desglosa cada una de ellas en tareas concretas cuanto más simples mejor; y por último, pásalas a tu agenda y asígnales fechas realistas. Actúa.

Ha llegado el momento de plasmar por escrito tu Plan de Manifestación, de traducir tu deseo en acción. Hasta que pongas tus metas por escrito, sólo posees intenciones que son semillas sin tierra. He comprobado que la primera razón por la cual la gente no consigue lo que quiere es porque no tiene ningún plan –ni bueno ni malo–. Y la segunda: no lo escriben.

Pongamos manos a la obra.

En la primera columna del esquema sintetiza tu misión. Un objetivo específico. Sea lo que fuere lo que deseas lograr, conviértelo en el foco creativo de tu vida. El único requisito es que tu deseo ha de respetar tus valores; es decir, lo que es importante para ti en este momento. Y que esté en tus manos conseguirlo…

En la segunda columna debes ser más específico e identificar submetas: los pasos prioritarios para conseguirlo. Si fuiste concreto al declarar tu misión personal, te será sencillo concretar tus metas. Pero aún puedes desglosar estas metas prioritarias en tareas más específicas y concretas...

En la tercera columna, sé lo más concreto que puedas traduciendo los pasos intermedios en pequeñas acciones manejables. Tareas tan sencillas que pueden parecer triviales pero indispensables en el cómputo global. Cuanto más desciendas en el nivel de detalle, más sencillo te resultará pasar a la acción.

Cuando hayas terminado de anotarlas, traspasa a tu agenda estas tareas, ponles fecha y plazos razonables.

Aprende a amar cada tarea por su significación en el resultado, especialmente las más incomodas. Es lo que se dice: «Hacer lo que hace falta, durante el tiempo que haga falta».

Ya tienes un plan de acción creativa (el mapa de carretera hacia tu felicidad).

Es más de lo que muchos poseen.

El exitoso autor Jack Canfield nos sugiere «La regla del 5»: realiza cinco tareas al día en la dirección de tu sueño. No importa lo grueso que sea el árbol, si cada día le das cinco hachazos tarde o temprano lo abatirás. Recuerda, bastan cinco tareas al día, treinta y cinco a la semana, ciento cincuenta al mes... Y lograrás tu propósito.

Actúa fuera de tu jornada laboral, por la noche, incluso los fines de semana. Sé perfectamente lo que significa doble esfuerzo y también conozco la recompensa. Yo he escrito cuatro libros mientras trabajaba en un «empleo normal» de sol a sol. Invertí el tiempo que tenía, y el que no tenía: noches, fines de semana, vacaciones. Así empiezan la mayoría de proyectos de éxito, exprimiendo la jornada.

¿Cuál es tu proyecto?

Tu proyecto: gran sueño.
Tu plan: gran proceso.
Tu servicio: gran experiencia.
Tu producto: gran satisfacción.

Ahora cumplimenta tu Plan de Manifestación:

MI OBJETIVO	METAS PRIORITARIAS	ACCIONES / TAREAS

¿Por dónde empezar? Quizá por el punto en donde halles menos dificultad, el punto de menor resistencia. Eso te dará impulso y confianza para abordar tareas más arduas después. O quizá por la más ingrata y desde allí, coser y cantar. En ambos casos, una vez estás en movimiento, la motivación por haber empezado te impulsará y te será más sencillo pasar a nuevas tareas. La motivación viene después de la acción; de modo que no esperes a estar motivado para empezar, podría ocurrir que no empezaras nunca.

Tormenta de ideas

Hoy en día hay más opciones que nunca antes. Existen más medios para conseguir lo que deseas que en cualquier otra época de nuestra historia.

Pero:

Las alternativas son tan abrumadoras que… ¿cómo elegir?

He conocido personas que se pasan el tiempo probando todo pero profundizando en nada. Siempre pensando que su siguiente idea es la buena. Saltan de una cosa a otra con tal rapidez que no pueden valorar con qué vale la pena quedarse.

Si éste es tu caso, lo que sigue te ayudará a aclarar tus ideas.

Generar opciones es lo más parecido a una «tormenta de ideas». ¿En qué consiste? Es una sesión intensa y corta en la que registrarás en tu libreta de notas todas las ideas que se te ocurran en el asunto que te ocupa –ya sea a la hora de crear algo nuevo o solucionar un problema–. ¿Para qué? Cito a Linus Pauling para responder a esta pregunta: «La única manera de tener buenas ideas es tener muchas ideas y descartar las malas».

Cuando confecciones tu lista no juzgues, tan sólo anota. Incluso una idea absurda puede ser el germen de una idea brillante. No te quedes con lo primero que surja. Enlaza ideas con otras ideas y observa adónde te conducen. Con seguridad, conseguirás una lista con más ideas/opciones de las que necesitas. Después ya seleccionarás y priorizarás.

Mis seis preguntas favoritas para generar opciones son:

1. ¿Qué he intentado hasta la fecha?
2. ¿Qué funcionó bien?
3. ¿Qué no funcionó?
4. ¿Qué puedo hacer diferente la próxima vez?
5. ¿Qué no he intentado aún?
6. ¿Qué contexto mental incluye la solución?

Veamos ahora tres sencillas reglas para elegir correctamente entre varias alternativas:

1. Regla: no elijas una alternativa hasta tener claros los criterios que ha de cumplir la mejor alternativa.
2. Regla: el mejor criterio de elección es el que responde a la pregunta: ¿En realidad qué quiero conseguir?
3. Regla: una vez tomada una decisión, pasa a la acción. Replantearla es un error monumental. La duda siempre es la estrategia más descabellada.

Por ejemplo, supón por un momento que decides cambiar de trabajo. Lo primero que deberías establecer son los criterios que deberá cumplir la nueva ocupación (interés, aptitud, idoneidad, prestigio, remuneración, expectativas, proximidad, horarios, etc.). Si no has establecido cuáles son los criterios básicos podrías aceptar un empleo «inaceptable». De todos esos criterios de selección, el que responde a la pregunta: ¿En realidad, qué clase de empleo deseo?, es el mejor porque te centra en lo que deseas y no en lo que se te ofrece. Y por último, una vez hayas elegido, no vuelvas al inicio del proceso debido a las dudas. Sella tu decisión dándola a conocer.

Muchas personas no ven ninguna oportunidad porque en realidad temen elegir; y las oportunidades suelen disfrazarse de problema. George Bernard Shaw lo captó y escribió: «Las personas que tienen éxito en este mundo son aquellas que se levantan y buscan las circunstancias que quieren y, si no las encuentran, las crean». ¡Gran verdad!

Si ya tienes tu lista de decisiones priorizadas, lo segundo que debe suceder es pasar a la acción. La acción desvela ventanas de oportunidad: una cosa siempre lleva a otra. Y así es como sucede. La acción mueve una energía que activa cambios auspiciosos.

Haz que ocurra

Imagina que juegas al fútbol en un equipo. Eres bueno en el regate, te gusta tocar pelota, mantener su posesión. Hasta aquí todo bien salvo en un pequeño detalle. Si cuando estás frente al portero no sueltas el balón, y renuncias a la pelota, no hay gol. Así de sencillo.

Pues a menudo, eso es exactamente lo que sucede cuando no consigues lo que quieres. Te apegas a seguir deseándolo… y eso es lo que ocurre. Cuando llega el momento de actuar, todo lo demás está de más.

La opción de actuar no es opcional, es imperativa.

Empieza con un pequeño y simple paso. Después de éste, ya descubrirás en qué dirección debes dar el siguiente. Ten presente que uno no se pierde tanto como cuando cree conocer bien el camino de antemano. El secreto está en empezar.

Cuenta la historia que un viajero se cruzó con un anciano, que resultó ser nada menos que Sócrates, y le preguntó: «¿Cómo puedo alcanzar la cima del monte Olimpo?». El sabio griego le contestó: «Si quieres llegar a su cumbre, asegúrate de que cada paso que des sea en esa dirección».

Estoy seguro de que eres consciente de esto: una cosa lleva a otra, un libro conduce a otro libro, una persona a otra persona…, siempre sucede de este modo. Lo que necesites, cuando lo necesites, allí estará. Tenlo por seguro. ¿Cómo podrías perderte lo que se estableció para ti?

Intención: información.

Atención: energía.

La suma de las dos: conocimiento aplicado.

Hacer reales tus deseos requiere valor, probablemente más del que nunca hayas mostrado antes. Arroparse con lecturas inspiradoras ayuda. Nada predispone tanto el ánimo como una buena lectura. Lee textos motivadores. Con ese poderoso combustible, pasa a la acción. Después, celebra los primeros resultados aunque sean mínimos.

Sabrás que has aprendido cuando otros tomen tu ejemplo, cuando te afirmes en las peores circunstancias, sólo entonces podrás decir que has aprendido bien. El aprendizaje es una escalera de infinitos peldaños: donde llegues sólo depende de tu vértigo a las alturas.

Recuerda, siempre en este orden: primero lo haces posible en tu imaginación, después lo haces real con tu acción. *Intención & Atención*: haz que ocurra. Despega.

El Zen de Fluir

Puedes hacer que las cosas ocurran o permitir que sucedan.

En determinadas circunstancias, es preciso ser suave y abrirse a lo que desea llegar a ti; y en otras, es necesario tomar la iniciativa. ¿Cuándo hacerlo uno y cuándo lo otro? Lo impecable consiste en combinar ambas fuerzas creativas:

- Actividad y receptividad.
- Acción externa y acción interna.
- Influir y fluir.
- Hacer y ser.

Lo primero consume energías; lo segundo, las suscita. Es el modo en que respira la vida cuando sigue la antigua ley de la alternancia, y que resuena como un latido en los cimientos del mundo.

Averiguarás en qué aplicarte pues tu corazón sabe qué es mejor a cada momento. Alternar actividad y receptividad es una danza. Tú eres el baile, el bailarín es tu sueño.

Fluir es sinónimo de no resistencia, no juicio, no mente, no acción. ¿Cómo entrar en flujo? Permite que la vida suceda a través de ti. En realidad *no hay que hacer* sino más bien *dejar de hacer*. Es acción pero es acción relajada.

Fluye y manifestarás sincronicidades.

La relajación activa tu hemisferio cerebral derecho –la puerta al subconsciente– y eso da paso a tu potencial creativo. Al activarlo, ingresas en el «mundo de las buenas ideas». El hemisferio derecho, la mente creativa, percibe globalmente: es capaz de comprender todo a la vez. Tiene el potencial de lo infinito.

Como decían los romanos: «Si tienes un problema sácalo a pasear». Mueve tu cuerpo, el ejercicio cambia la química del organismo y activa tu punto de conexión con la inteligencia infinita de la que eres parte. Gracias al movimiento piensas mejor y la solución te encuentra porque dejas de consumir energía en procesos neuronales estresantes. Meditación en acción.

¡Cuántas veces un problema se ha aclarado en momentos en los que no se estaba trabajando en él, sino descansando! Como escritor, sé que la mente creativa no trabaja bien bajo presión. Lo que me mejor me funciona es esto: me hago a un lado, no soy ego, dejo de estorbarme, fluyo libre de juicios y permito que el libro que voy a escribir me alcance.

Sincronicidad

Las sincronicidades son «casualidades con significado». Muchas personas, las califican de providencia divina, suerte, destino, fortuna... Algunos lo llaman «leguaje de Dios», otros «estado de flujo», otros «causalidades». Cómo lo denominemos no tiene ninguna importancia. Sea como fuere, ¿por qué no aprovechar la ayuda que proporcionan?

Joseph Jaworski, en su libro *Sincronicidad,* acuñó el término «despliegue del orden creativo». No he encontrado unas palabras que definan mejor lo que ocurre cuando atraemos personas y situaciones sin que sea necesario ningún esfuerzo. Y como él dice: «No se trata de una experiencia mágica, sino muy terrenal».

Cuanto más fluyes, más sincronicidades se producen que ponen en movimiento la maquinaria cósmica que conspira para que veas cumplidos tus deseos. Ahora, cuando miro hacia atrás me doy perfecta cuenta de que mis mayores «golpes de suerte» se han producido cuando me hallaba en «estado de flujo», completamente abandonado y confiado a una inteligencia y orden superiores. Créalo en tu mente y después suéltalo. Tienes que soltarlo para atraerlo:

Lo que más necesites allí estará cuando lo necesites.

Cuando abandoné mi empleo convencional, entré en un estado mental de coherencia que desplegó el orden implicado de mi propio deseo: un nuevo estilo de vida. Todo empezó a ser más sencillo, más rápido e imprevisible. Mi compromiso desató una sucesión de pequeños milagros de naturaleza sincrónica. Yo lo hacía todo y a la vez no hacía nada. Lo único que sé es que al caos siguió el orden, y mis decisiones, tomadas desde la coherencia y el compromiso, tenían mucho que ver con el despliegue de mi nueva vida.

Y todo aquello ocurría no porque yo *fuese* un escogido, sino porque yo *había* escogido.

Escucha el lenguaje de las coincidencias. En apariencia puede parecer que tus intuiciones no tienen nada que ver con el objetivo que deseas alcanzar. Por ejemplo, tal vez te propones mejorar la calidad de tu relación, y en tu empeño, y al poco tiempo, te quedas sin pareja. A simple vista, parece una contradicción. Pero si aguardas lo suficiente, descubrirás que tu siguiente relación cumple tus expectativas de lo que debe ser una relación bendecida. La mente tiene lógica; pero el espíritu, sabiduría.

Quienes han conseguido hacer sus sueños realidad explican cómo empezaron y suelen expresarse en términos tales como:

> «Algo inesperado ocurrió después de ponerme en marcha.»
> «Actué aun sin conocer todas las respuestas.»
> «Mi atrevimiento resultó ser muy creativo.»
> «Pasé de preocuparme a "interesarme" y todo se resolvió.»

Dieron un salto de fe primero, y encontraron el camino correcto después. Aprendieron a confiar en su guía interna sin importarles cuál era el discurso de su mente asustada. Su sueño llevaba implícita una gran transformación personal y su espíritu, por medio del leguaje de las coincidencias, diseñó las señales para realizar un salto cuántico.

Siempre llega el día en el que aprender a confiar.

Este libro, sin ir más lejos, ha sido objeto de varios hechos sincronísticos que me proporcionaron la orientación y las experiencias que este proyecto necesitaba. Yo puse todo de mi parte y acepté toda la ayuda que lo ha hecho posible. Ni siquiera sentí que «tenía que escribirlo», más bien sentí que terminaría por hacerlo de cualquier modo incluso a pesar de todos los inconvenientes. Así que me rendí porque en algún nivel sabía que hacerlo me llevaría a disolver una vieja forma de ser.

Este libro ha llegado a tu vida en el momento justo. Forma parte de un cúmulo de sincronicidades. Tal vez no lo sepas ahora, pero lo sabrás sin ninguna duda. Las cosas suceden de un modo más ordenado de lo que suponemos. Este libro no es una excepción.

¿Comprensión o acción?

Si este libro pretendiera la comprensión de conceptos no aplicables a la realidad, su lectura no valdría la pena. Pero éste no es un libro para la comprensión sino para estimularte a actuar en la dirección de tus sueños.

Disponemos de sobrada información para alcanzar una vida de plenitud, y sin embargo, lo que necesitamos es transmutarla en hechos. Hacer la palabra carne. Compruebo a menudo cómo algunas personas destinan más tiempo a corroborar información que a experimentarla. En otras palabras, se conforman con confirmar intelectualmente lo que aún no se han demostrado vivencialmente.

Sueñan con una vida diferente pero no se creen su sueño.

He sido consultado por algunas personas que comprenden perfectamente sus dificultades y desean superarlas pero no parecen dispuestas a abandonar los patrones de pensamiento que «crean» sus problemas.

Vamos a dejarlo claro –meridianamente claro– y cuanto antes: para superar una dificultad no basta la comprensión, sino la acción.

Todos podemos comprender que una relación o un hábito no nos favorecen nada y sin embargo seguimos enganchados. La comprensión busca el «porqué». La comprensión casi nunca sirve para nada porque «lo que hay que comprender» no vale la pena.

Muchos problemas no se resuelven porque se busca solucionarlos en el ámbito mental o conductual pero no en la conciencia.

Paradójicamente, la preparación es otro de los impedimentos a la acción. ¿Estás formándote *ad infinitum* para lo que nunca te sientes suficientemente preparado? ¿Demoras la decisión de empezar para cuando te sientas cien por cien preparado? Si las respuestas son afirmativas, eres una persona de lo más prudente. Pero la prudencia en exceso es una gran imprudencia. Lo que sigue es de Mark Twain: «Siempre encontrarás excusas pero ninguna es una razón». He aprendido que los deseos se cumplen pasando a la acción, no buscando excusas.

Si usáramos sólo la mitad de lo que ya sabemos nuestra vida sería el doble de buena de lo que es.

Te acabo de dar una gran idea para duplicar tu satisfacción.

Un ejemplo, un día descubrí en mi biblioteca un libro que no había leído cuando lo compré diez años atrás. Resulta que explicaba la experiencia de una mujer con sus jaquecas y cómo las resolvió. Yo he tenido toda la vida ese problema, y –sin saberlo– ¡la solución en forma de libro estaba en mi casa sin que le hiciera ningún caso! Un día lo devoré, lo apliqué y todo cambió. ¿Por qué no leí ese libro antes? ¿Cuántos dolores de cabeza me habría evitado?

Ahora mismo estás tan cerca de tus respuestas que no puedes verlas porque no tienen la apariencia de la solución que buscas... hasta que experimentes.

Delega en tu «gerente cósmico»

Como se dice en *El Maestro de las cometas:* «Haz bien tu parte y déjale a Dios la suya». Delega en tu gerente cósmico (el infinito poder organizativo del Campo de todas las posibilidades). No es poca cosa: se trata de la misma sabiduría que sostiene vivo tu organismo, el planeta, el sistema solar, la galaxia y el universo entero. Etcétera.

Probablemente ya sabrás que la confianza es el puente invisible que conduce un deseo a su manifestación en la realidad. Es el viento que no ves pero que hincha tus velas. La confianza es la ausencia total de limitaciones. Y la suspensión voluntaria del estado de la incredulidad. Si bien la confianza no te garantiza ningún resultado, sí te proporciona un estado mental de posibilidad.

Tengo una pregunta-desafío para ti: ¿Qué necesito creer para poder hacerlo?

No tiene una respuesta obvia, aun así es una pregunta que me formulo a menudo, siempre que trabajo en un proyecto, desde que leí la frase atribuida a Walt Disney: «Necesitas creer». En lo más profundo de mi corazón, sé que algo no sucederá si no creo antes en ello.

Si hay algo de lo que estoy convencido es que cuando te concedes una oportunidad, creas la posibilidad. No estoy diciendo que en ese momento sea real, digo que lo haces posible. Todas las cosas suceden dos veces: en tu interior, como posibilidad; y en el exterior, como realidad. Siempre en este mismo orden.

Volvamos a Vincent van Gogh.

A la vez que empezó a pintar inició una intensa correspondencia en la que explicaba sus experiencias sobre lo que había elegido como la misión de su vida. A menudo escribía a su hermano Theo sobre su absoluta determinación. Su autoconfianza crecía a diario y alimentaba su firme voluntad de convertirse en pintor. Le decía a su hermano: «Un poco más y venderemos». Eso es confianza en acción. Hoy todos sabemos que de sus cerca de dos mil obras sólo vendió una tela en vida. Pero cuando empezó a venderse batió récords. Vincent actuó por *defecto* y por *exceso*. Lo primero, porque al autor le habría venido muy bien un curso de marketing y ventas por correspondencia. Y lo segundo, porque su trabajo se había adelantado tanto, tantísimo, a su tiempo que no fue hasta bien pasados cincuenta años de su muerte cuando el mercado fue capaz de comprender su genio.

La historia está llena de ejemplos parecidos: las personas que creen en su sueño no buscan la aprobación ajena para seguir adelante. Tal vez por ello, son calificados en un primer momento como «locos», después como «innovadores», y finalmente como «genios» y «visionarios».

Todas hicieron gala de una gran autoconfianza.

(?) Tres preguntas que pueden cambiar tu vida:

1. ¿Qué puedo hacer de diferente manera?
   a) ¿Qué podría ocurrir si lo intento?
   b) ¿Qué si no lo intento?
2. ¿Estoy dispuesto a realizar todas y cada una de las tareas de la lista?
3. ¿Qué tarea no estoy haciendo que si la realizara afinaría el resultado?

(!) Tres tareas para la acción inmediata:

1. Realiza una «tormenta de ideas» por escrito y anota todas aquellas cosas que desearías conseguir. ¿Hay alguna que podría cambiar el curso de tu vida? Si la respuesta es «no», descártalo. No importa si dispones de medios, conocimientos y tiempo para realizarlas. Exprésate libremente, ya razonarás después. Podrás eliminar y jerarquizar alternativas en una segunda fase.

2. Escribe tu Plan de Manifestación, reformúlalo. Realiza ajustes, tu plan debe ser flexible. Algunas tareas se mantendrán, otras no. Haz una lista exhaustiva con todas las tareas necesarias para hacer real tu sueño. No veas tu lista como algo arduo sino como el menú en el que tu sueño hecho realidad es ¡el postre! Repasa la lista y pregúntate si hay algo que no estás

dispuesto a realizar. Si el cumplimiento es parcial, el logro también podría serlo.

3. Concédete tiempo para reunir recursos internos y externos. Vas a necesitar una gran fortaleza interior para alcanzar la cima. Es hora de pensar en los apoyos de refuerzo que puedas conseguir. Convierte tu entorno en tu aliado. Y empieza a «ahorrar el precio» que finalmente tendrás que pagar por conseguir lo que deseas.

(✔) Una idea para resumir:

Puedes desear cualquier cosa y a la vez no apegarte a nada. Preferir no es lo mismo que necesitar. Una cosa es vivir por lograr una meta y otra depender de ella. La exigencia es una clase de necesidad que te aleja del resultado.

Sexto día:
¿Qué elijo hacer y cuándo lo haré?

«¿Por qué será que no hay nada más difícil en el mundo que convencer a un pájaro de que es libre, y de que lo puede probar por sí mismo si sólo se pasara un rato practicando? ¿Por qué será tan difícil?»

Richard Bach en *Juan Salvador Gaviota*

Abrirse a lo nuevo

Uno de los principios del milenario arte del Feng-Shui es: si deseas que algo nuevo llegue a ti, antes deberás hacerle espacio, despejarle el camino. Contundente.

Menos es más. Lo cual significa: menos de lo que no deseas es más de lo que quieres. En otras palabras, soltar aquello que ya no le «habla» al corazón, es la obra maestra de la coherencia. Por desgracia, en occidente no hay una cultura del desprendimiento sino de la acumulación. Incluso de la acumulación de lo que ya no sirve.

Aplico el Feng-Shui a la escritura: menos palabras, más significado. Cuando dirijo un grupo de personas que desean aprender a escribir su primer libro, siempre les estimulo a suprimir palabras, frases y párrafos. Para escribir bien no hay que poner sino quitar. Les hago escribir bajo presupuesto; esto es, asigno un coste de un euro a cada palabra para que economicen en cada frase.

Abrirse a lo nuevo supone desvinculación con lo viejo. Puede parecer una pérdida, pero es momentánea. Una mano llena no puede recibir nada nuevo en su palma. Si deseas algo nuevo en tu vida (sea una relación, un trabajo, independencia financiera, un nuevo estilo de vida, o lo que fuera) antes deberás hacerle espacio. ¿Cómo sino podría alcanzarte?

La intención sólo puede centrarse en una cosa a la vez y mientras esté fijada en la ausencia de lo deseado es literalmente imposible manifestar su presencia. Esto puede aplicarse a todos los aspectos de nuestra vida.

El Feng-Shui te enseña a crear un estado, tanto interior como exterior, de apertura a la totalidad de las posibilidades. Renovar es una tarea que debe hacerse regularmente. Consiste en soltar todo aquello que ya no le hable al corazón. Eso incluye tanto creencias, hábitos, posesiones materiales, emociones, relaciones y amistades.

Menos de lo que no deseas significa más tiempo y energía disponible para lo que deseas. Dos ejemplos. Uno: cuando no se tiene que ir a trabajar para ganar dinero se obtiene tiempo y energía para pensar en cómo hacerse rico. Dos:

cuando se renuncia a una relación de pareja insatisfactoria se obtiene libertad y energía para atraer una relación más satisfactoria.

Toma un curso (o dos) de Feng-Shui; y si te lo aplicas, te garantizo cambios importantes en menos de tres semanas. Ajústate, eso sí, el cinturón de seguridad.

Prepárate para el éxito

En la vida es preciso prepararse para conseguir cualquier cosa.

El doctor Lair Ribeiro, autor de diversos best sellers, suele afirmar que el éxito es la combinación de preparación y oportunidad.

Analogía: prepararse es afilar el hacha, la oportunidad es el árbol. A. Lincoln dijo que si dispusiera de ocho horas para cortar un árbol, dedicaría seis a afilar el hacha. Yo mismo dedico nada menos que media jornada a prepararme, durante media vida.

Pero veamos algunas pautas enfocadas a «afilar el hacha»:

Programa de mejora continua

Lo primero es integrar en tu vida el aprendizaje para estar en la vanguardia de tu campo. Tu compromiso no sólo debe establecerse con los resultados, sino con tu mejora continua.

Desde luego, no podrás mantenerte al día de absolutamente todo lo que ocurre en tu actividad o sector. Pero ello no impide que no dejes de aprender ni un solo día de tu vida. ¿Cuánto tiempo de tu jornada es para aprender?

La lectura

Si lees un mínimo de un libro por semana, te aseguro que en cinco años serás un auténtico experto en tu materia favorita. Hoy en día, la información que buscas está en alguna parte. Una hora al día te bastará para pertenecer al diez por ciento de referencia en tu sector.

La diferencia entre las personas que leen y las que no leen es la misma que hay entre ir en bicicleta o en avión. Si vas a decir que no tienes esa hora para ti, entonces tienes problemas. Y de los gordos.

¡May-Day, May-Day!

Llevo más de veinte años leyendo libros de superación personal de modo intensivo en lo que he invertido miles y miles de euros. Cada semana leo, como mínimo, un libro completo y uno resumido. A veces más. Para mí dejar de aprender es empezar a morir. Mi mayor riqueza es el conocimiento; y la peor pobreza, la ignorancia.

Hay una gran recompensa en la lectura y es que expande el pensamiento. Cuando, a través de la lectura, compartes el pensamiento con un autor, el tuyo alcanza el suyo. Los libros son el grueso de mi presupuesto y también mi regalo favorito. Me encantaría recibir, por correo electrónico, tu recomendación: ¡el libro que más te haya influido!

Aunque establecer este hábito de lectura intensiva pueda parecerte una meta inalcanzable, te aseguro que si inviertes en tiempo de lectura, te adelantarás a tu tiempo. Pronto, te acostumbrarás a mantener incluso varias lecturas a la vez.

Lo siguiente que ocurrirá es que ya no irás a ninguna parte sin llevar un libro contigo.

Los cursos

¿Tienes un presupuesto mensual? Si no es así destina una cifra anual a ese fin. Si participas con regularidad en buenos seminarios y cursos, aprenderás de primera mano de quienes están al día y son expertos en su materia. Hoy tenemos acceso a personas preparadas y expertas en cualquier campo, ¿aprovechamos ese privilegio?

Recibe un curso, o dos, o tres, de destrezas comercial y financiera. Todos vendemos y todos manejamos dinero, es inevitable; y sin embargo, nunca hemos sido entrenados en estas competencias. Es la mejor inversión que he hecho en mi vida: aprender de cualquiera que tenga algo que enseñarme.

Un ejemplo de dos personas muy diferentes: la primera persona se gasta un par de cientos de euros en unos zapatos que, acabados de estrenar, han perdido todo su valor y que en un año acabarán en la basura. La segunda persona invierte ese par de cientos de euros en un buen seminario (sobre comunicación, ventas, marketing personal o sobre inversión y finanzas personales); con lo aprendido genera una cifra exponencial que reinvierte, y con una pequeña parte de lo ganado se da el lujo de comprar esos mismos zapatos, ¡o unos más caros!

Un simple seminario de un fin de semana para el desarrollo personal puede marcar un antes y un después. Mi organización «área interior» training ofrece más de media docena de programas distintos.

Las conferencias

Asiste a encuentros y conferencias. Te facilitarán recursos, contactos con personas con intereses comunes. Los buenos conferenciantes son generadores de entusiasmo. Puedes preguntarle al orador acerca de sus propias experiencias, incluso pedirle que comparta contigo sus fuentes y sus referencias. Seguro que te atenderá encantado, pues a todas las personas le gusta hablar de aquello que conocen bien.

Los referentes

Aprende la excelencia de quienes la demuestran. Busca tus referentes en tu campo de interés. Piensa en tres personas que admires. No importa si son reales o ficticias (Tintín, vale) y anota las tres cualidades que más admiras en ellas. Desarrollar en ti las nuevas cualidades son la misión de tu alma; y tu proyecto, el vehículo para lograrlo.

La práctica

Por último, si combinas todo lo aprendido con la experiencia, transmutarás información en conocimiento. La diferencia entre una persona informada y otra experimentada es abismal. Su presencia transmite una clase de energía completamente diferente; y si una deja indiferente, la otra cautiva. Sabio no es quien todo lo sabe, sino aquel que sabe muy bien lo poco que sabe. Practica, practica, practica...

La conclusión

Lee libros editados en tu país y si puedes en el extranjero (así practicarás tu segundo o tercer idioma). Escucha CD motivacionales regularmente. Haz cursos de desarrollo personal y profesional. Asiste a conferencias. Busca tus referentes. Y practica. Invierte en el activo más poderoso que posees: tu mente.

La que sigue es una de mis citas favoritas: «Si piensas que la formación es cara, prueba con la ignorancia», Benjamin Franklin. La diferencia entre quien es simplemente bueno y quien es realmente grande no es tanta como puede parecer, pero es lo que marca la gran diferencia.

La imaginación, un viaje al futuro

Te habrás dado cuenta de que todo cuanto ha sido creado, antes fue imaginado. Fue un pensamiento, una visión, en la mente de su creador. El libro que lees fue imaginado una y otra vez hasta que se concretó en lo que es. En el instante anterior al Big-Bang estaba la intención de la conciencia infinita.

Imaginar es en sí mismo un acto creativo de primera magnitud. La cantante Barbra Streisand dijo al preguntársele sobre su éxito, que siempre imagina sus proyectos acabados antes de empezar. Yo siempre imagino la portada de mi siguiente libro mientras lo escribo, a veces incluso la dibujo y la mantengo a la vista.

Si la mente puede imaginarlo existe un modo de crearlo.

El universo precisa de «arquitectos de sueños» que se incorporen a la tarea creativa. No es opcional, nadie puede renunciar a crear su mundo en todo momento. O lo haces deliberadamente o por defecto. A eso se reduce todo.

Para Shirley McLane, actriz y una de mis autoras favoritas, «eres el arquitecto de tu experiencia personal». «Arquitecto de Sueños», no está nada mal. En el prólogo de este libro me concedí ser «Productor de Sueños» y me sienta bien. Te presto el cargo gustoso. O mejor aún, define el cometido que exprese tu grandeza. Se me ocurren una docena de cargos interesantes:

- Gerente de Mi Vida (GMV)
- Experto en Felicidad (EF)
- Constructor de Sueños (CS)
- Artesano de lo Asombroso (AA)
- Experto en Personas (EP)
- Director de Proyectos Imposibles (DPI)
- Arquitecto del Futuro (AF)
- Explorador de Posibilidades Extraordinarias (EPE)
- Profesional de la Ayuda (PA)
- Diseñador de Utopías Posibles (DUP)
- Consejero Delegado para lo Genial (CDG)
- Talento en Desarrollo Exponencial (TDE)
- Entrenador de Milagros (EM)

La lista no está completa, es una referencia. Diseña tu propio cargo de impacto y distinción y refléjalo en tu tarjeta profesional de visita. No es broma, aunque lo parezca.

Naturalmente, te habrás dado cuenta de que ser creativo tiene más que ver con la imaginación que con la experiencia. Crear es atraer tu mayor sueño para que te alcance, te traspase y bendiga tu vida y la de los demás. Sé feliz y brillarás para todos.

La imaginación tiene que ver con inventar; y así es en realidad: inventar una nueva realidad. Me ha llevado mucho tiempo comprender que el mejor modo de prever el futuro es «inventarlo».

Algunas personas lamentan no tener imaginación cuando en realidad quieren expresar que no la ejercitan. La imaginación se libera con entrenamiento. Prueba esto: cierra los ojos y visualiza imágenes. La visualización expande la realidad. Y todo lo que necesita un sueño para crecer es una realidad expandida.

Las imágenes son la materia prima de la imaginación. Imaginar tiene que ver con el sentido de la visión, pero no olvides los otros canales sensitivos. Imagina con los cinco sentidos. En la medida en que tu «visión» los incluya a todos, en especial el canal emocional, tu creatividad aumentará.

Tener una buena idea no basta. Sólo sabrás si funciona cuando la transformes en una realidad. Conozco muchas personas con buenas ideas para una película, un libro, un negocio, un invento, un producto o servicio innovador... Pero todo eso se queda en su cabeza, y nunca sale de allí, hasta que alguien se anticipa, pasa a la acción y lo hace real. Entonces se quejan: «¡Eso ya se me ocurrió a mí hace tiempo!» –y probablemente a bastantes más–.

Si eres de los que afirman: «Si no lo creo, no lo veo», te diré que el subconsciente, que no distingue entre real o virtual, de algún modo atrae siempre las oportunidades para crearlo. En la interesante película documental *The secret* (El secreto), Bob Proctor afirma: «Si lo ve en su cabeza, lo tendrá en su mano». Si crees, lo creas.

Déjame plantearte un desafío: redacta un artículo de prensa con la noticia de tu sueño hecho realidad. Deberás escribir la nota incluyendo tu nombre, la fecha y todos los detalles que se te ocurran. Conviértete en el cronista de tu propio éxito, haz de tu sueño el gran titular del día.

Pensamiento creativo

Un pensamiento es un impulso creativo que hace que ocurran cosas en el mundo material. En cierto sentido, los pensamientos son tan sólidos como la realidad.

Los científicos afirman que tenemos alrededor de 60.000 pensamientos al día. Eso supone una gran inversión de energía. Lo que sabemos tú y yo es que el 90 por 100 de esos pensamientos son repetitivos y van dirigidos más a lo no deseado que a lo deseado. También sabemos que la mayoría no enfoca su vida a la solución, sino al problema.

Imagina cómo cambiarían las cosas si se invirtiera ese hábito mental.

Como escritor he tenido que usar diferentes métodos para potenciar mi creatividad a la hora de escribir mis libros. Finalmente, tras probar sin éxito varias estrategias, hallé el modo de que las cosas resultaran. Déjame contarte un secreto que deseo compartir contigo para que lo apliques en tu vida.

Lo primero que aprendí es sacarme la presión de encima. Cuando empecé a permitir que las cosas sucedieran a través de mí, haciéndome a un lado, el bloqueo creativo desapareció. ¡Dejé de estorbarme! Ahora lo creativo se valía de mí. Ya no era un escritor, sino un «lápiz» que escribía. Te daré tres buenas sugerencias enseguida. Pero antes hay algo que quiero que comprendas. Ninguno de nosotros haces milagros, los hace el Amor a través de nosotros. Así pues, esta es mi primera sugerencia:

Permite que suceda a través de ti.

Lo segundo es meditar quince minutos por la mañana y quince por la tarde y serás más creativo durante el resto del día. No hay milagros sin meditación regular. Como escritor sé que la presión ahuyenta las buenas ideas y sólo proporciona ideas desesperadas. Las buenas ideas nacen de la relajación mental. Todos los creadores se refieren a ello como estados de inspiración. Ésta es mi segunda sugerencia:

Establece conexión con el Campo
de todas las posibilidades.

Lo tercero, plásmalo por escrito. Todas las cosas que hay en la realidad han sido creadas tres veces: primero en la mente, después en el papel, finalmente en la realidad. No lo pienses, dilo en voz alta; o mejor aún, escríbelo. Escribe tu plan de acción para conseguir tus deseos. Ésta es mi tercera sugerencia:

Pon todo lo importante por escrito.

Prueba estas tres simples estrategias y pasa a crear tu siguiente realidad tal como la deseas.

El tiempo es la materia prima de la vida

El tiempo es vida, pues de eso está hecha. Es el recurso más democrático ya que nadie dispone de más tiempo, en un día, que cualquier otra persona. Una jornada dura lo mismo para todos, aunque no todo el mundo la aprovecha por igual.

El dinero es ilimitado. Hay una cantidad enorme de dinero en el mundo, no estoy seguro de que se pueda contar. ¿Por qué hay tanto? Porque el dinero se puede ganar, se puede fabricar en la fábrica de moneda, y se puede recuperar aun después de haberlo perdido. El tiempo es otro asunto, es limitado. No se puede comprar; y una vez ha pasado, nunca vuelve.

Mantra: «Mi tiempo vale más que el oro».

Pero veamos cómo sacarle partido.

Prioriza

Haz primero lo primero. Segundo lo segundo. Y después, pasa a lo tercero. Lo importante va antes que lo urgente. Cuando no encuentras el tiempo para realizar algo es porque no le estás concediendo suficiente importancia. Y pronto se cuela lo urgente. Imagina por un momento que el día tuviera un descuento del 50 por 100; es decir, que sólo contaras con ¡la mitad de tiempo para hacerlo todo! ¿Cómo procederías entonces? Sin duda priorizando. Bien, ya que lo imaginaste, ¿por qué no te organizas como si trabajaras a media jornada?

Persiste, insiste, resiste

Lo que consigas no depende de esfuerzos puntuales sino de la acción sostenida. Pequeñas acciones, mantenidas en el tiempo, son mucho más eficaces que un gran esfuerzo de última hora. La paciencia sabe que conseguir cualquier cosa en la vida es cuestión de tiempo. Concédete ese tiempo. No sacrifiques tu sueño por no haber trabajado suficientemente en él. Las cosas que valen la pena se toman su tiempo. ¿Qué más interesante que dedicarles tu vida?

Saca tiempo de allí donde lo pierdes

Excluye de la agenda aquellas tareas que no te conducen a tus metas. Pregunta básica: el uso que hago de este tiempo, ¿me conduce o me aleja de lo que deseo? Prioriza tu enfoque en las tareas que sí lo hacen: ¿Cómo contribuye a mi sueño? En definitiva: ¿Cuál es el mejor uso que puedo hacer de mi siguiente hora?

Limita (suprime) el tiempo delante del televisor

Mi propuesta, y sé que será desestimada, es que los televisores sean gratuitos; pero a cambio, el propietario pague cada mes en función del tiempo que lo mantiene encendido. Una medida disuasoria. Aunque incluso así muchos hogares caerían en la quiebra económica... pero sólo después de sucumbir antes a la ruina moral. ¿Te desconectas ante la televisión por la noche en lugar de prepararte para conseguir lo que quieres? Espero que no sea tu caso.

Aprende a decir «no»

Se suele decir: «Si dispusiera de tiempo ilimitado conseguiría todos mis deseos». Quizá, pero como la vida dura lo que dura, tendrás que decir «no» a lo corriente para decir «sí» a lo sobresaliente. Aprende a decir «no». Alguien afirmó que lo difícil no es saber *qué hacer* sino *qué no hacer*. Nadie debería hacer aquello en lo que no cree. Pulsa la tecla «Suprimir», di «no».

Tiempo para crear

¿Sientes que tu tiempo te pertenece o que debes «robárselo» a tu profesión? Sea lo que sea lo que está ocurriendo, ten presente dos cosas. Una: tu tiempo es tu bien más preciado. Dos: la vida está hecha de tiempo (todos recibimos el mismo tiempo cada día: 24 horas o 1.440 minutos o 86.400 segundos).

¿Ganar tiempo, perder tiempo? En un sentido estricto, ambas son una ficción, puesto que la totalidad del tiempo ha sido concedida al inicio del día y se habrá consumido al final del mismo. Hagas lo que hagas, no tendrás ni más ni menos tiempo. La semana tiene las mismas horas para todos, y sin embargo unos reciben una retribución diez veces superior con una dedicación inferior. Y lo más importante: unos disfrutan de su jornada y otros desean que acabe cuanto antes.

Veamos algunos hábitos de las personas que se sincronizan con su tiempo interno:

- *Vive el presente*. La presencia en el ahora significa una apertura de conciencia. Las personas que actúan más internamente que externamente establecen una relación de independencia con el tiempo.
- *Haz que todos los días cuenten*. Unos suman más, otros menos; pero todos deberían sumar. Cuando me

monto en mi bicicleta asumo que afrontaré subidas y bajadas, y no me importa. Lo único que cuenta es no dejar de pedalear ni un solo día.

- *Pregúntate en qué empleas tu tiempo.* Las siguientes preguntas te ayudarán a mejorar la gestión de tu tiempo: ¿Es este un buen uso de mi tiempo? ¿En realidad, es el mejor uso que puedo darle? ¿Puedo hacer algo más interesante con mi tiempo?
- *Decide la clase de día, semana, mes y año que quieres vivir.* Las personas que consiguen lo que desean ponen su foco de atención de lo que es importante para ellas. ¿Qué aspecto deberían tener los próximos cinco años?
- *Madruga.* Un modo de conseguir tiempo extra es levantarse una hora antes aunque sólo sea para planificar la jornada. El tiempo, cuando se busca, se encuentra por la razón de que siempre está aquí, ahora, en este preciso momento.
- *Sigue los ritmos de la naturaleza.* Aprenderás por qué ésta hace tan bien lo que hace. Levántate y acuéstate temprano, alterna el trabajo y el descanso. Sincronízate con los ritmos circadianos, biológicos. A mayor sincronización, menor entropía.
- *Identifica tu momento del día más creativo.* Los picos de máximo rendimiento ocurren en momentos muy concretos del día. Aprovecha esos momentos para lo importante: pensar, tomar decisiones, planificar.

Si posees una sensación aguda de falta de tiempo, entonces en lugar de decir «no tengo tiempo», di más bien «el tiempo no me tiene a mí, me hallo fuera de mi tiempo».

Si llevas prisa te hallas «ausente» del momento presente. No estás en tu tiempo, el aquí ahora, que concentra todo el tiempo disponible.

Prueba con un acto simbólico: quítate el reloj de pulsera. Recuerda tu naturaleza eterna y comprende que con la misma facilidad que te desprendes de tu reloj, puedes desprenderte de tu dependencia del tiempo.

Pregúntate: ¿En qué tarea transcurre tu tiempo velozmente? O mejor: ¿En qué actividad el tiempo no existe para ti?

La agenda de tu sueño

Muchas agendas parten de lo pequeño para llegar a lo grande. De tal modo que no adquieren perspectiva y se pierden en las tareas del día a día. Los árboles no permiten ver el bosque. Te propongo lo contrario: parte de lo grande y dirígete hacia lo pequeño. Pregúntate: ¿Qué haría una persona que desea conseguir este objetivo?

Algunas actividades responden al mandato «¡debo hacerlo!» y no a «¿necesito hacerlo?». Pregúntate más bien: Esta tarea ¿qué resultado crea? Es sorprendente la cantidad de cosas que se hacen y que no conducen a nada importante. Y más sorprendente aún es cuánto esfuerzo se prodiga por hacer bien ¡lo que no se debería estar haciendo!

Tengo una fórmula de cuatro palabras: ocúpate de lo que cuenta. Lo importante es grande, lo urgente es pequeño. ¿Exagero? Tal vez, pero dedícale a lo urgente no más de un 20 por 100 de tu jornada laboral. Eso significa una hora y media siendo generoso. ¿Qué hacer con el resto de «urgencias»?, dejarlas para el día siguiente. Comprobarás como muchas dejarán de serlo porque en realidad no eran ni siquiera importantes.

Tengo cuatro buenas preguntas que te ayudarán a programar tu cita en la cima:

1. ¿Qué es importante en este momento? Establece tus valores.
2. ¿Qué es lo que en realidad deseo? Establece tu objetivo.
3. ¿Qué lo hará una realidad? Concreta tus acciones a corto, medio y largo plazo.
4. ¿Cuáles llevaré a cabo y cuándo? Especifica tus tareas y asígnales fechas.

Regálate una libreta (mi herramienta favorita). Anota en ella tus logros para poder releerlos a menudo, por pequeños que sean. Escribe cosas que hayas conseguido en cualquier aspecto de tu vida, ya sea profesional o personal. Escribe también tu siguiente desafío y conviértelo después en tareas dentro de tu agenda.

Una de las cosas que reduce el nivel de eficacia es mantener muchos temas abiertos sin concluirlos. Es agotador no acabar las cosas empezadas. Analogía informática: cuando abres muchos programas y archivos en tu ordenador el rendimiento baja notablemente.

De modo parecido, cuando la mente mantiene diferentes unidades de atención abiertas hace que el rendimiento descienda, incluso puede llevar al colapso. Mi sugerencia es: cierra cuantos más temas mejor para concentrarte en tu siguiente paso.

Cuando trabajes, céntrate en lo que hagas. No aceptes distracciones. La palabra clave es: concentración. Un solo proyecto sobre la mesa, el más importante. Hay sitio de sobra en los cajones para el resto... Invierte tiempo en lo extraordinario y retírate de lo ordinario. Ahora, ¿sabes cuáles son tus tareas de mayor valor?

Realiza las tareas incómodas antes que las cómodas, porque una vez realizadas, disfrutarás más de la jornada. Y cuando abordes las tareas incómodas, descubre un modo de disfrutar de ellas.

Un proyecto tiene dos tiempos: el «tiempo vertical» y el «tiempo horizontal». El primero es la parte del día que te ocupa. El segundo, los días que te toma concluirlo. En buena lógica, a mayor tiempo vertical, menor tiempo horizontal. Y viceversa.

Y algo más: tu tiempo horizontal puede transcurrir en dos sentidos: hacia delante o hacia atrás. Si te ocupas en tu propósito, avanzas. Si lo que haces te aleja de él, retrocedes. En inglés, la palabra vivir –*live*– si se escribe al revés –*evil*– significa «mal». Juego de palabras: el mal está en vivir la vida al revés.

Ya que menciono la vida al revés, en el libro *A través del espejo* de L. Carroll, Alicia escucha a la Reina afirmar: *«Aquí, como ves, necesitas correr con todas tus fuerzas para permanecer en el mismo sitio. Si quieres ir a otra parte, tienes que correr al menos el doble de deprisa».* Así pues, tú decides, ¿deseas avanzar a la velocidad de una bicicleta –10 km/h– o a la velocidad de un *jet* –1.000 km/h?

Acción inmediata

Si elegiste este libro entre tantos como se publican cada año, tal vez se deba a que sientes que ha llegado el momento de vivir una gran aventura. Si es así, nada más inevitable. Y sin embargo podría ocurrir que desconozcas por dónde empezar. ¿Qué tal si empiezas por el principio, sigues por el medio y acabas por el final?, como se le recomienda a Alicia, en el País de las Maravillas.

Muchas personas (la mayoría) esperan el «momento perfecto» para pasar a la acción, aguardan a que todo encaje, que llegue su año propicio, o que los astros se alineen... y así se les pasa la vida esperando una «señal» que nunca llega. Ésta es una propuesta potente:

Vive la aventura, no la sueñes.

No hace falta que lo sepas todo para empezar pero sí es necesario que empieces. Una acción revela la siguiente acción, un paso el siguiente y una cosa lleva a otra. Un día cada vez es suficiente.

Esta es la Constitución del cosmos: pasa a la acción inmediata.

Por el momento, olvídate de conocer de antemano los pasos que te conducirán a tu cima. Se revelará en su justo momento, ni un minuto antes ni uno después. Por ahora, basta con «estar dispuesto a hacer lo necesario cuando sea preciso el tiempo que haga falta».

Hay algo mágico en la acción y es que cuando actúas piensas mejor. Yo suelo practicar lo que llamo meditación en movimiento. Hago deporte porque el ejercicio me ayuda a crear o solucionar asuntos importantes. No se trata de pensar más, sino de pensar mejor.

Las personas que manifiestan sus deseos, y que permiten que los milagros ocurran a través de ellas, actúan. Se levantan y hacen cosas, se ponen en movimiento. La acción es muy satisfactoria en sí misma. Por el contrario, las personas que piensan más que actúan sucumben bajo el peso de su propia mente. He comprobado que ¡pasar a la acción trae mucha suerte!

Una vez en movimiento, por la ley de la inercia, mantener la velocidad requerirá un esfuerzo mucho menor. Un avión comercial consume la mayor parte de su combustible en la maniobra de despegue; una vez ha alcanzado los ocho mil metros, mantener su velocidad de crucero supone un consumo comparativamente ridículo.

Actúa ahora, éste es el momento ideal.

No importa si nunca lo intentaste, ahora es ahora

Como estoy seguro, ya sabrás que resultados pasados no condicionan resultados futuros. A menos que insistas en hacer lo de siempre, con lo cual no obtendrás nada diferente.

Ahora es ahora, entonces era entonces.

Empieza en este momento, no dispones de otro.

A los humanos nos gusta repetir comportamientos. Incluso acentuarlos cuando han demostrado sobradamente que no funcionan. ¿Cuántas veces has repetido lo que falló una primera vez? ¿Y una segunda vez? ¿Estás dispuesto a probar lo que nunca has intentado?

Tu mayor tarea en este momento consiste en hacerte cargo de tu vida y recuperar tu poder personal. Nadie va a darte tu poder, tú tendrás que extraerlo de tu interior. Nómbrate «Director General» de tu vida y toma las primeras decisiones ejecutivas. Es hora de olvidarse de *lo que fue* o de *lo que siempre ha sido*, para centrarte en el *qué a partir de hoy*.

He conocido a personas que ignoraban que su anhelo tenía como fin último la transformación de la conciencia... ¡a través de la práctica! Como se resistieron a convertirse en alguien *mejor*, ellos mismos se negaron su propio deseo.

Cuanto mayores son los cambios externos deseados, mayor la transformación interior para lograrlos. El paradigma «de dentro a fuera» –todo cambio externo se inicia después de un cambio interno– ya nadie lo discute aunque muy pocos lo tienen en cuenta. La transformación no está en tierras extrañas sino en uno mismo.

Aplicar «El Método de los Deseos Cumplidos» va a requerir todos tus recursos internos. Si sientes que aún no cuentas con esa fuerza interior, concédete tiempo y reúnela. Precisarás una gran dosis de autoconfianza para pasar de tu actual realidad a la nueva.

El trapecista suelta un trapecio y se lanza al vacío en busca del siguiente trapecio. Durante unos instantes no se sujeta a nada salvo a su confianza. En los grandes cambios de la vida hay un tiempo en el que lo anterior ya no está y lo nuevo aún no se ha manifestado. Es un tiempo en el que parece que nada ocurre. Se parece mucho al vacío, pero es un vacío con potencial. Durante ese período de incertidumbre la transformación personal está garantizada.

La Ley de la Manifestación y la Fórmula del Éxito

A estas alturas en la lectura de este libro, espero que no eches de menos una píldora mágica para el éxito personal. No he encontrado nada parecido.

Pero: .

Como estoy seguro de que esperas una fórmula para el éxito, voy a tratar de ofrecértela. No obstante, antes déjame mencionar la Ley de la Manifestación:

> «Ley de la Manifestación»: concreta tu deseo del corazón, crea una visión del mismo y sostenla, establece una misión personal a su alrededor, comprométete a servir a través de él, asume tu poder ilimitado, focaliza tu atención en lo que deseas, atiende las sincronicidades, actúa en las causas que lo crearán, confía aun en los peores momentos, pon tu corazón en ello, desapégate del resultado y disfruta del proceso… y ten por seguro que se manifestará en su momento oportuno.»

Es lo que he aprendido y te lo ofrezco sintetizado. Es el resumen del «método de los deseos cumplidos».

Sinceramente, no conozco a ninguna persona que se aplique a su objetivo con disciplina, persistiendo el tiempo necesario, poniendo en ello sus cinco sentidos y todo su corazón y que finalmente, las cosas le hayan ido mal. Esto es sencillamente imposible.

Y ahora sí, la fórmula del éxito personal:

$$(«fracaso_1»+«fracaso_2»+\ldots+«fracaso_n»)^{aprendizaje} = éxito$$

De donde se deduce que el tamaño del éxito es proporcional a la cantidad de errores transmutados en sabiduría.

El fracaso es una gran fuente de inspiración.

He recibido muchos «noes» en mi vida –que hoy celebro– por los que doy gracias a Dios.

Quizá digas: «Sí, Raimon, para ti es muy fácil escribir esto pero si es tan sencillo, ¿por qué la mayoría de la gente no vive una vida de éxito?». La respuesta que conozco es que a pesar de que el ingrediente principal –fracaso– es tan abundante, por lo común no se combina con el ingrediente clave –transformación interior–. Muy pocos son capaces de apreciar una oportunidad de transformación disfrazada de fracaso. O ven en su sueño la oportunidad para la transformación de su conciencia.

Déjame contarte algo en lo que nadie parece reparar: nuestro sistema educativo penaliza los errores. Pronto, de niños, aprenden que equivocarse es malo. La escuela enseña a apostar por lo seguro. Y como la experiencia nos muestra que en realidad no hay nada seguro, al filo de los treinta comenzamos a desaprender lo que nos mal enseñaron. Y empezamos a arriesgar y a cometer algunos errores de vez en cuando. No es broma, dedico mucho tiempo a impartir seminarios para que los adultos desaprendan lo que no les funciona.

Leí un libro de publicidad llamado *Usted puede ser lo bueno que quiera ser,* de Paul Arden, que responde a la preguntas: ¿Por qué razón aquellos que son supuestamente «buenos» en la escuela no triunfan necesariamente en la vida? Según Arden es muy sencillo: la escuela recompensa lo seguro. Pero no la creatividad. A los doce años el director de mi colegio me dijo que no tenía suficiente nivel en lo que más me gustaba: escribir. Pero yo no le creí; y sigo sin creerle ahora, con siete libros publicados y dos premios literarios.

El éxito académico es una cosa y el éxito profesional, otra. Lo cierto es que no se puede vivir de las buenas calificaciones más allá de la graduación. Mis clientes, mis lectores, mis bancos, mis editores, mis proveedores... ninguno de ellos me ha preguntado nunca por mis notas en la escuela o en la facultad. Me piden resultados.

Siete paradojas de la manifestación

Lo que sigue es el ADN de los sueños, el material genético del Campo de todas las posibilidades. Vas a recibir el conocimiento que te permitirá manifestar tus sueños.

Me gustaría que dedicaras un tiempo a reflexionar sobre los siguientes principios del «sistema operativo» del universo:

- *La paradoja del desapego:* todo aquello a lo que te resistes, persiste; y sólo cuando lo aceptas, desiste. Lo que deseas ahora ya se está abriendo camino hacia ti, pero no podrás recibirlo hasta que aprendas a preferirlo en lugar de exigirlo.
- *La paradoja de las infinitas realidades potenciales:* existen diferentes posibles realidades, pero es la focalización en una de ellas la que la materializa y la precipita en la realidad, retirándose todas la demás.
- *La paradoja de los deseos:* establece tus deseos aun sabiendo que más que el logro lo que importa es el proceso personal que te conduce a ellos.
- *La paradoja del talento:* eres elegido por tu sueño y tus dones te han sido concedidos en correspondencia para cumplirlo. Si puedes soñarlo, puedes hacerlo realidad.
- *La paradoja del caos aparente:* la verdadera confianza se manifiesta en las peores circunstancias, en medio del caos aparente, justo cuando nada parece dejar espacio a la esperanza.
- *La paradoja de la realidad invisible:* es en la ausencia de respuesta, o en el silencio absoluto, cuando se trama un nuevo orden desde la realidad invisible. Cuando parece que nada ocurre, se establece el cómo y el cuándo.
- *La paradoja del tiempo preciso:* el tiempo invertido en un sueño desaparece en una realidad y aparece en otra. Añade vida a tu vida y mejora la de otras personas cuyas existencias serán tocadas por él.

Con todo lo que ahora sabes:

¿Qué harías si empezaras de nuevo?

¿Qué dejarías de hacer?

El «viaje del héroe»

El interesante libro de Joseph Campbell, *El héroe de las mil caras*, escrito en 1949, describe el proceso de transformación del ser humano en busca de su destino: «El héroe inicia su aventura desde el mundo de todos los días hacia una región de prodigios, se enfrenta con fuerzas fabulosas y gana una victoria decisiva; el héroe regresa con la fuerza de otorgar dones a sus hermanos».

El «viaje del héroe» tiene cuatro etapas principales: la preparación para el viaje, la llamada a la aventura, cruzar el umbral y la aventura. ¿Empezamos?

En la preparación para el viaje el héroe se rebela contra la insatisfacción y la falta de coherencia que gobierna su vida.

En la llamada a la aventura, siente la necesidad de algo por lo que vivir con pleno significado y a lo que dedicar sus días, aunque sus resistencias e incertidumbres aún le detienen.

Cruzar el umbral es la gran decisión que rompe con un pasado y sitúa al héroe en su nueva vida llena de incertidumbres y desafíos.

La aventura es el proceso de oposiciones y también de logros que conducen al protagonista a conquistar su sueño.

Veámoslo desglosado:

1. Preparación a la aventura: el héroe reconoce su insatisfacción y vacío.

2. Llamada a la aventura: sucede algo inesperado que rompe la rutina y que empuja al héroe a tomar una decisión. Entra en crisis.
3. Rechazo a la llamada: el héroe se resiste a abandonar la comodidad de lo conocido para adentrarse en lo desconocido.
4. Cruce del umbral: finalmente el héroe da el paso irreversible, quema las naves con las que regresar a su antiguo estilo de vida en su antiguo mundo.
5. Oposición, pruebas, dificultades: constituyen la aventura y un sinfín de peripecias que el héroe deberá resolver.
6. Conquista del sueño: una vez superada la prueba máxima y convertidas todas las amenazas en oportunidades, el héroe alcanza la cima de su gran aventura.
7. Regreso transformado: el héroe no es ni podrá ser la misma persona; su verdadera recompensa es la transformación personal de vivir por un sueño.

Este «mapa de ruta» hacia la plena realización puede aplicarse tanto a una persona como a una empresa o una civilización. ¿Quieres aplicártelo a tu misión?

Una historia inspiradora

En cierta ocasión, con el primer sol de la mañana, una oruga caminaba a paso vivo en dirección a la montaña. Junto al camino, un saltamontes –con sus cuatro manos en los bolsillos– le preguntó:

–¿Hacia dónde te diriges, oruga?

Y ésta, sin dejar de caminar, pues avanzaba poco a poco y no tenía tiempo que perder, le contestó:

–Tuve un hermoso sueño anoche: soñé que desde la cima de la gran montaña admiraba el valle. Me gustó tanto esa visión que he decidido hacerlo realidad.

El saltamontes, mientras la oruga se alejaba poco a poco, dijo:

–¡Debes de estar loca!, ¿cómo podrás llegar hasta la cima?, ¿tú?, ¿una insignificante oruga? Para ti, una piedra será un monte, un charco un océano, una rama un estorbo y cualquier obstáculo el final de tu sueño.

Pero la oruga no le hizo ningún caso y siguió avanzando a paso lento pero decidido, sin apartar la cima de la montaña de su vista.

A mediodía, un feo escarabajo le preguntó hacia dónde se dirigía con tanto empeño bajo aquel sol de justicia. La oruga, secándose la frente con un pañuelo, contó de nuevo su sueño, esta vez al escarabajo, que estalló en una gran risotada de burla:

–Ni yo, teniendo unas patas más grandes que las tuyas, intentaría alcanzar la cima. –Y se hizo una bola sobre sí misma y bajó rodando por la ladera, como a ella tanto le gustaba.

Por la tarde, una araña le aconsejó a la oruga desistir de su ambicioso empeño en alcanzar la cima:

–¡No lo lograrás jamás! –le dijo–. Yo lo intenté y fracasé. Hazme caso, no se está tan mal aquí. –Y se fue a merendar un mosquito que acababa de quedar atrapado en su red.

A esa hora, el sol se retiraba a descansar, caía la noche, y agotada y sin fuerzas la oruga decidió descansar también.

Con la noche llegó el frío. Con el último esfuerzo de la jornada construyó un lugar donde pasar la noche: un simple capullo prendido de una ramita.

—Esta misma noche abrazaré mi sueño. —Y eso fue lo último que dijo antes de «morir» de puro agotamiento a una vida y «nacer» por pura ilusión a otra.

El saltamontes, la cucaracha y la araña fueron a compadecerse de la pobre oruga, el ser más loco de este mundo, que había construido su propia tumba mucho antes de poder alcanzar su sueño irrealizable. ¡Qué pena les daba!

Al día siguiente, cuando amaneció el nuevo día, aquellos pequeños animales que comentaban aún el descarado atrevimiento de la oruga y la severa advertencia que su muerte suponía para todos, vieron inesperadamente cómo aquel capullo comenzaba a quebrarse.

Al poco, y con gran asombro, vieron unas antenas que no podían ser de la oruga que creían muerta. Lentamente, emergieron unas hermosas alas azules de mariposa —que tampoco podían ser de la oruga— de dentro de aquel capullo.

La mariposa, ya con sus alas desplegadas, miró a su alrededor y levantó el vuelo en medio del asombro de todos.

Al poco la vieron perderse en el cielo en su alegre vuelo. Ahora sí estaban seguros de que nada la detendría en su ascenso hacia la cima desde donde podría admirar todo el valle como había soñado.

Había muerto a una vida y nacido a otra por ver cumplido su sueño. Y así fue.

Unas últimas palabras

Como en la historia de la oruga-mariposa, éste no es un final sino el inicio de algo notable.

Un sueño cumplido es un nuevo principio, el trabajo no ha terminado. Si quieres mantenerlo vivo deberás alimentarlo con toda clase de pensamientos y actitudes que lo nutran. Pero si lo das por sentado y lo desatiendes, podría desvanecerse.

Los sueños necesitan mucho amor antes y también después de cumplirse. Nunca lo olvides.

Tras cerrar este libro, te invito a cerrar también los ojos y a imaginar tu vida tal como la deseas en los próximos años. Si después tomas decisiones –alcanzar tu cima– y pasas a la acción –desplegar tus alas–, escribirlo habrá valido la pena.

Y ahora toca despedirnos con la esperanza de que si algún día publico otro libro sobre éxito personal ya no tengas ninguna necesidad de leerlo. En lugar de eso, cuéntame tu testimonio, esperaré tu *e-mail.*

Gracias por elegir este libro. Gracias por acudir a esta cita con tu sueño. Como ya te habrás dado cuenta, este libro es una cita contigo mismo, en la cima del sueño de tu corazón. Te agradezco tu cálida compañía hasta esta última página. Fue un placer compartir este tiempo contigo. Sólo me queda desearte una vida llena de propósito en cada uno de sus días.

(?) Tres preguntas que pueden cambiar tu vida:

1. ¿Cuál es el mejor modo de usar mi tiempo ahora mismo?

a) ¿Qué es realmente importante en este momento?
b) ¿En qué podría invertir mi día, en vez de ir a trabajar, para que no tuviera que ir nunca más a «trabajar»?
c) ¿Dónde estaré en un año si no cambio nada?

2. ¿Qué tareas importantes me acercan al resultado y qué tareas urgentes me alejan?
3. ¿Qué elijo hacer y cuándo lo haré?

(!) Tres tareas para la acción inmediata:

1. Haz un mapa de tu tiempo. Dibuja un círculo y segméntalo en porciones según cómo consumas tu jornada: trabajo, descanso, ocio, familia, cultura, ejercicio, espiritualidad, entretenimiento, compras, etc. Pinta de rojo la parte que no te conduce a tu objetivo y de verde la que sí. Si el círculo es más rojo que verde, corrige tu agenda hasta que el verde predomine. A su lado dibuja un nuevo círculo con una nueva distribución del tiempo. En esta nueva propuesta, da prioridad a lo que es importante para ti. Establece tu tiempo vertical y tu tiempo horizontal. Define las metas a corto plazo (en los próximos tres meses), a medio plazo (en los próximos doce meses) y a largo plazo (en los próximos cinco años).

2. Establece el compromiso de realizar cada día, como poco, una tarea de tu «Plan de Manifestación». Una

al día es suficiente para empezar, aunque mejor serían cinco. Pero no permitas que pase un día en blanco sin hacer nada que te acerque a tu sueño. Una al día es mejor que ninguna hoy y dos al día siguiente. En una escala de uno al diez, pon nota a diario a tu nivel de compromiso. Subir a la cima requiere cierto ritmo. Da pequeños pasos, pero sostenidos en el tiempo, antes que un gran esfuerzo a última hora.

3. Afila el hacha, prepárate para el éxito. Establece tu programa de aprendizaje continuo (lecturas, DVD, CD, cursos y seminarios, conferencias...) y concédete un presupuesto anual con ese fin. Regálate una agenda y pon fecha a todas las tareas que te conducirán a la cima de tu sueño.

(✔) Una idea para resumir:

No es la aptitud –la preparación– lo que cuenta, sino la actitud –la predisposición. El logro depende de la persistencia con la que trabajes en las causas que crearán el resultado deseado. «Enamórate» de las causas y no de los efectos, y éstos se producirán por sí solos.

Índice

área interior

- Si te impactó la lectura de este libro y deseas participar en el seminario intensivo «Cita en la Cima»®, contacta con ***área interior*** para conocer las próximas fechas disponibles. Participa en una experiencia enfocada a la realización de tu mayor sueño, utilizando las más recientes tecnologías del éxito personal como el *coaching*.
- Si deseas obtener más información y participar en los actos organizados por el autor o establecer tu programa de *coaching* personal, visita su Web y escribe al autor a:

www.raimonsamso.com raimon@raimonsamso.com

área interior

Tel. 93 304 24 88

Pelai 9, 1º2ªD

Barcelona 08001, España

- Si la lectura de este libro ha creado un nuevo nivel de comprensión en ti y te ha resultado de ayuda, escríbenos.
- Si deseas compartir tu experiencia acerca de cómo creaste tu propio sueño, envía un e-mail compartiendo tu historia o testimonio.
- Si deseas que el autor participe en el programa formativo de tu empresa o en alguno de sus eventos, ya sea como orador o como formador, por favor contáctanos.